JN074684

これだけは
おさえておきたい！

令和の
新ビジネス
マナー

西出ひろ子

秀和システム

マナーは他者への「思いやり」から生まれるもの

　今、あなたがこの本を手にとってくださったことに、感謝しております。

　あなたが、本書を手にとったということは、ビジネスにおけるマナーの大切さを感じたからではないでしょうか。または、学生から社会人になり、仕事がスタートするにあたって、さまざまな不安や期待が入り混じっているからかもしれません。本書は、令和という新時代に、あなたが社会人として仕事をしていくにあたって、自信を持って職場で起きることに対応する方法をまとめた一冊です。

　そして、ぜひ、社会人経験の長いみなさまにも読んでいただきたいビジネスマナー本です。なぜなら、ビジネスマナーは新人だけが学ぶものではないからです。時代の変化とともに、ビジネスシーンにおけるマナーも変化しています。そして何より、マナーは一方通行では成り立ちません。部下のほうだけではなく、上司や先輩、会社側にもマナーがあってこそ、おたがいがハッピーになれる仕事環境をつくることができるからです。社会人経験の長い人も、ビジネスマナーが今の時代にふさわしいものになっているかどうか、確認が必要です。

　私は、21歳のときにマナー講師になりたいという夢を持ちました。それから30年以上の月日が経過しましたが、これまでずっと本書に書いてあることを意識して実践した結果、夢を現実にし、想像以上の結果と成果を出しつづけることができました。もちろん、苦しいことやつらいこと、悲しいことも仕事を通じてたくさん経験をしました。それでも、本書で伝えるマナーを知っていれば、ありがたいことにどんなことが起きても乗り越えることができたのです。

今までに10万人以上の方々にビジネスマナーを伝えてきましたが、みなさまから「もっと早くにこの真心マナーを知りたかった。そうしたら、人生変わっていたのに……」といわれます。

　私は、ビジネスマナーとは真心から生まれるマナーである、と申しております。マナーはあなたの真心を形にして表現し、伝えるコミュニケーションなのです。その結果、お客様も、取引先も、自社も、上司も先輩も部下後輩も、そして自分も、みんながおたがいにプラスになる、Win-Winの関係を構築するすべての人に必要なものです。

　ビジネスには、お金がつきものです。自社に利益がなければ賞与などに影響をおよぼします。社員に給与や賞与を与えるためにも、会社は収益をあげる必要があります。それを生み出すのは「人」です。あなたは仕事をすることで、会社に収益をもたらすわけです。その利益のなかから、あなたは給与や報酬などの対価を得ることでしょう。

　会社の一員として電話応対をする、来客応対をする、メール送信をするなどの仕事をすることで、あなたは会社に何かしらの形で利益を生み出す存在となります。その利益で、会社は社会貢献することができます。あなたの給与から納める税金も社会に貢献しています。ビジネスマナーはあなたの生活のために必要なものですが、社会貢献のためにも必要なものです。ビジネスマナーはさまざまな業種で働く人、自分とは離れている世代の人との共通言語でもあります。その根底に、他人への思いやりの気持ちがあって、ビジネスマナーは成立します。

本書では、言葉遣いや電話応対の仕方、メールの書き方など、ビジネスにおけるテクニカルなスキルや、時代にマッチした効率的なビジネスチャットの書き方や、転職活動しているとき、自営業者の方々が会社員の人とやりとりするときに気をつけてほしいマナーなども紹介しています。ぜひこれらのスキルとマナーを身につけて、即戦力として活躍してほしいと思います。そのためには、テクニカルな面だけでなく、人としてのヒューマンスキルは必須です。相手の立場に立てる、思いやりや気くばりの気持ちを兼ね備えた人間力、すなわちマナー力があってこそ、結果と成果を出す、自信のあふれるあなたになれるのです。

　仕事は、ときにつらいなぁ、嫌だなぁと感じることがあるかもしれません。しかし、どんなときも、相手への思いやりの心である真心マナーを身につけていたら、それがあなたを守ってくれます。マナーは守るものではなく、あなたを守ってくれるものなのです。西郷隆盛の愛読書『言志四録』の著者である、江戸時代の儒学者の佐藤一斎は「礼儀は鎧」だと述べています。礼儀、すなわちマナーは、鎧となってあなたを守ってくれるものなのです。
　この本であなたを守ってくれるビジネスマナーを身につけましょう。

　社会という大海原に出たあなたには、自分自身をしっかりと守りながら、社会に貢献する仕事を行い、大切な人とともに、笑顔あふれる人生を過ごしていただきたいと、心より願っています。

西出ひろ子

はじめに..3

プロローグ

変化するビジネスマナー。
本質は〝相手への思いやり〟

プロローグ1　多様な年齢層に対応するためには
　　　　　　　ビジネスマナーが必要です 12

プロローグ2　基本の「型」を身につけてはじめて、
　　　　　　　くずすことも可能に........................15

プロローグ3　令和では以前ほど重要視されなくなったマナーとは ...18

COLUMN ①　社会人になったらアルバイト用語は卒業です！....22

第1章

身だしなみとあいさつ、敬語など、
基本のビジネスマナー

1-1　カジュアル化が進む現代でも
　　　ここだけはおさえておきたい身だしなみ...................24

1-2　スーツ着用時の身だしなみ 26

1-3　ビジネスカジュアルの身だしなみ 28

1-4　出勤・退勤などの基本のあいさつ 30

1-5　あいさつのしかた1............................32

1-6	あいさつのしかた2	34
1-7	敬語の基本1	36
1-8	敬語の基本2	38
1-9	指示の受けかたの基本	42
1-10	報告のしかた	44
1-11	連絡のしかた	46
1-12	相談のしかた	48
1-13	テレワーク中のマナー	50
1-14	携帯電話のマナー	52

COLUMN ② ビジネスでも大事な「表情」について考えましょう① ... 54

第2章

電話、メール、文書のビジネスマナー

2-1	電話の受けかた1	56
2-2	電話の受けかた2	58
2-3	電話のかけかた1	60
2-4	電話のかけかた2	62
2-5	電話でよく使う敬語	64
2-6	クレーム電話の対応	66
2-7	メールの送信	68
2-8	メールの返信	70
2-9	社内文書の基礎知識	72
2-10	社外(業務)文書の基礎知識	74

COLUMN ③ ビジネスでも大事な「表情」について考えましょう② ... 76

第**3**章

名刺交換、チャット、スマホなど 令和で新しくなったビジネスマナー

3-1　名刺交換 78

3-2　オンライン会議1 80

3-3　オンライン会議2 82

3-4　ビジネスチャット1 84

3-5　ビジネスチャット2 86

3-6　スマホの扱いかた 88

3-7　ＳＮＳのマナー 90

3-8　ＳＮＳ炎上を防ぐマナー 92

COLUMN ④　ＳＮＳで炎上してしまったら…… 94

COLUMN ⑤　個人宅を訪れる際の基本マナーを
　　　　　　　知っておきましょう 96

第**4**章

新時代にふさわしい転職活動や 自営業者のマナー

4-1　経験者の転職活動時のマナー 98

4-2　自営業者が会社員と仕事するときに守るべきマナー 100

4-3　通勤中のマナー 102

4-4 　愚痴をいいたくなったとき、聞いたときのマナー 104

ⒸⓄⓁⓊⓂⓃ ⑥ 　お願いごとは疑問形にすると
　　　　　　　相手が行動に移しやすくなります 106

第5章

来客対応と訪問のマナー

5-1 　来客対応のマナー 108

5-2 　訪問のマナー 110

ⒸⓄⓁⓊⓂⓃ ⑦ 　依頼された仕事を断るときは代案を出して
　　　　　　　きっぱり断りましょう 112

第6章

葬式と結婚式、会食のマナー

6-1 　葬式のマナー1 114

6-2 　葬式のマナー2 116

6-3 　葬式のマナー3 118

6-4 　葬式のマナー4 120

6-5 　葬式のマナー5 122

6-6 　結婚式のマナー1 124

6-7 　結婚式のマナー2 126

6-8 　結婚式のマナー3 128

6-9 　結婚式のマナー4 130

6-10 　会食のマナー 132

6-11 洋食のマナー1 134

6-12 洋食のマナー2 136

6-13 和食のマナー 138

COLUMN ⑧ 時候のあいさつ 140

第**7**章

大人のモノの言いかた

7-1 お礼を言うとき 142

7-2 謝るとき 144

7-3 同意・共感したとき 145

7-4 伺い・質問したいとき 146

7-5 ほめるとき 148

7-6 依頼したいとき 150

7-7 断るとき 152

7-8 自分の意見・提案を伝えるとき 154

7-9 お願いしたいとき 156

プロローグ

変化するビジネスマナー。
本質は〝相手への思いやり〟

多様な年齢層に対応するためには
ビジネスマナーが必要です

変化するビジネスマナー。臨機応変な対応ができる人材を目指そう

　社会というフィールドには、さまざまな年齢層の人たちがいます。育った時代背景が異なる人たちと仕事をします。

　「はじめに」でお伝えした通り、ビジネスマナーは、新入社員だけが学び、身につけるものではありません。マナーはおたがいさまです。上司や先輩、会社の舵をとる経営者たちがまずビジネスマナーの本質を理解し、それを身につけ、実践することが大切です。

　昭和の時代は、顧客（取引先）のためにどれだけの時間を費やして努力をしたか、大切に思って行動していたかが、評価につながっていました。ところが平成から令和の時代になると、時間をかけるということは〝相手の時間を奪う〟ことだと、とらえる人が多くなったため、コミュニケーションも最小限に行うことが配慮になる、という考え方をする人が急増しています。しかし、時間短縮をはかる行動は昭和世代から見ると、単に手抜きをしているように見える可能性があります。近ごろ、上司から部下に対して「もっとお客様とのコミュニケーションを綿密にとりなさい」「顧客に対して、丁寧さが足りない」などと、指導につながるシチュエーションがふえているようです。

　さらに、対面よりオンラインや電話、電話よりメール、メールよりチャットのほうがおたがいに気がラクだと、とらえる傾向もあります。昭和の時代はお客様に謝罪するときはすぐに手みやげを持参してお詫びに行くのがマナーとされていましたが、令和の時代は相手の時間を奪っていることになり「訪問されるのは迷惑だ」と、さらなるクレームを呼ぶ事態にもなってしまうのです。今は、どのような手段でコミュニケーションをとるのが最善かを選択しなければならない時代であり、それらを使い分ける臨機応変さが必要となっています。

　そのため、マニュアル通りに行っていればよかった以前とは異なり、現代は

さまざまな状況や環境、相手に応じて、柔軟に対応できる能力が必要です。指示されたことをその通りに、またそれだけをやればよいという次元から、「行動」と、自ら考えて行動する「考動」という、2つのコウドウ力をビジネスマナーとして身につける必要があるという次元になっています。

　マナーの本質は〝相手の立場に立つこと〟です。会社は社員の立場になってみて新規ビジネスや改善策を提案しやすいように何ができるかを慮り、上司は部下たちが何か困っていないかを探り、新人は先輩たちのサポートが何かできないかを考える、というふうに、おたがいの立場を想像する・考えることでビジネスは成り立っています。

● ビジネスマナーは単なる「型」ではありません

　マナーは、ビジネスで収益をあげるためにも存在しています。そして、相手の立場になって考えてみることがマナーの第一歩です。若くして仕事が成功すると、今の仲間と永久に仕事をしつづけることができると思い込む人も多いのですが、時代の変化とともにビジネスの形態も変化しつづけます。お客様が入れ替わることがあるかもしれませんし、サービスや商品に飽きられたり必要なくなったりして顧客が去ってしまうこともあります。

　日々変化する社会では、営業、マーケティングの仕事において、お客様が求めていることや欲しているものを提供しなければ購入につながりません。だから企業はお客様にアンケートをとったりして、意見や意向を尋ねます。私は、マナーマーケティングで収益を生み出すことも新入社員研修で伝えています。ビジネスマナーは単なる「型」ではありません。「型」から入り、心はあとからついてくるという説もありますが、私はそうとは思いません。なぜなら、心を入れずに「型」だけでもお給料はもらえるからです。

　新入社員のときからビジネスマナーの本質とお金の関係を理解していれば、自ら相手に何を与えられるかを考えたうえで、それを「型」で表現しようとします。その「型」が仮に間違っていたとしても、相手は不快にはなりません。それ

はあなたの気持ちからなる行動には相手を思いやる心が宿っているからです。社会での評価は学生のときのペーパー試験のように点数だけで決まるものではありません。

　さらに、お客様のニーズやウォンツは、時代の流れとともに変化しています。昭和の時代に生まれて平成の時代に社会に出た上司と、平成の時代に生まれて令和の時代に社会人になった人たちとは、その環境も考え方も異なるわけで、昭和の時代に習得したビジネスマナーのスキル、「型」を現代で行っても収益につながらないことも多くあります。だからこそ、上司や経営者たちも、つねにビジネスマナーをアップグレード、バージョンアップする必要があるわけです。

　このようにビジネスマナーの「型」は変化しますが、どんな時代になっても変わらないもの。それは、思いやり、人の心です。ビジネスマナーの土台は、相手の立場に立ち、相手を思いやる心をその時代や社会情勢、環境に合わせた「型」で表現をし、お客様や取引先、上司や部下などに安心を与え、信頼を築き、喜んでもらえるプラスを生み出して与えることです。ですから、テクニカルスキル、すなわち「型」は、相手に応じて変化するのが本来のマナーなのです。これが現場における臨機応変な対応のできる人財へとつながっていくわけです。臨機応変な対応のできる人財の育成のためにも、真心マナーは必須です。

・昭和・平成・令和の各世代と仕事をするためにはビジネスマナーを知っておく必要がある
・ビジネスマナーの「型」は変化するため、つねに学びが必要である
・ビジネスマナーの基本は〝相手への思いやり〟であることを忘れてはならない

基本の「型」を身につけてはじめて、くずすことも可能に

日本のビジネスマナーもグローバルスタンダードへと移行中

グローバルスタンダードという言葉を聞いたことがあると思います。特定の国や地域、ある企業などだけで適用されることではなく、世界中のみなさんが共通認識として適用する基準や規則を指します。

私がイギリスに滞在していたころ、仕事関係者とエレベーターに乗るシーンに多々、遭遇しました。日本でビジネスマナーを学んでいた私は、だれかがすでにエレベーターに乗っていたら、目上の方やお客様には先に乗っていただくことが〝正しい〟と思っていました。ですから、イギリスにいたときにもそのようにしていました。レディーファーストで「お先にどうぞ」といわれても、私はつねに相手に「どうぞ」と言い返し、何度も「どうぞ、どうぞ」とくり返し、自分があとから乗りこむことを押し通していました。ところが、ある日、いわれたのです。「ヒロコ、日本人は礼儀正しくて、奥ゆかしく、とてもすてきだと思うよ。でもね、ここはレディーファーストの国。男性から『どうぞ』といわれたら〝サンキュー〟といって先に乗り込むのがその相手に恥をかかせないマナーなんだよ」と。

当時の私は30代前半でした。すでにビジネスマナー講師として独立もしていました。秘書検定試験では準一級を取得したときに、文部省認定技能検定日本技能検定協会秘書部門連合会会長賞まで受賞し、自分のことをマナーの達人だと思っていたわけです。このひと言は、当時から〝相手の立場に立つことがマナー〟といっていた私にとって衝撃的でした。そして、自分の未熟さに気づかせてもらった出来事でもありました。

このように、日本で浸透しているマナーが海外でも通用するかというと、そうではありません。「どうぞ、どうぞ」とおたがいに相手を 慮 り、譲り合いすぎ

ることは、日本人の奥ゆかしさ、相手を立てる美徳だと思う人もいますが、グローバルスタンダードという言葉を日常で聞くようになった時代に生まれ育った人たちにとっては「時間のムダ」「相手のいうことを素直に実践すればその場はスムーズなのに」と思われてしまうわけです。

● ビジネスマナーの正解は一つだけではありません

　もちろん、郷に入れば郷に従う、ということもありますが、これからの時代の日本におけるビジネスマナーも、世界を舞台に通用するスキルを身につけ、状況や相手に応じて使い分けのできる、「型」にはめこまない臨機応変なマナーを身につける時代になりました。正解を求めて「型」を知りたいと思う人も多くいますが、正解は一つだけではありません。日本のなかでも、お中元を贈る時期は関東と関西では異なる、エスカレーターで急いでいる人のために右を空けるため左側に立つ地域もあればその逆の地域もありますね。このように「型」はさまざま存在するわけです。

　私はさまざまな映画、ドラマなどのマナー監修をつとめております。NHKの人気テレビドラマ『岸辺露伴は動かない　富豪村』のマナー監修も行ったことがあります。そのドラマのなかで、主人公の露伴先生がマナーに関する有名なエピソードを話します。食事のときにフィンガーボウルという指を清めるために出された水を、そうとは知らずに飲んだ人がいた。周囲の人はその人の行為を失笑したが、ある人がその人に恥をかかせないよう、自分も同じようにフィンガーボウルから水を飲んだ、というエピソードです。この話は、究極のマナーとして世界中で語り継がれています。「型」通りに行うことがマナーではない、相手を思いやることがもっとも大切だ、ということを証明してくれているお話です。

　とはいえ、多くの人は、その「型」を見て、人柄や身分をジャッジするということも現実にあります。ですから、私たちはマイナスな評価をされないためにも、一般的にいわれているそれらの「型」を知り、実践できることも大切なことなのです。

　剣道や茶道の世界に『守破離』[※1]という言葉があります。何ごとも、まずは、基本の「型」を守り、それを実践すること。そのうえで、その「型」を破り、離れることの大切さを教えてくれています。ビジネスマナーにも、基本の「型」があります。まずはその「型」を知り、身につけたうえで、その「型」を破り、離れていくことが大事です。基本を身につけていないまま、「型」をくずす行為は順序が異なります。

　マナーは英語です。日本語にすると「礼儀」。「礼」という思いやりの心と、「儀」の「型」の両輪があってこそのマナーです。

※1　剣道・茶道などで、修業における段階を示したもの。師匠の教えを守ることから始まり成長していく段階で、その他の流派などよいものをとりこみ、発展させていき、やがては一つの流派を離れ、独自の流派を作りあげていくことを言う。

- これからは世界で通用するビジネスマナーが主流になる
- ビジネスマナーは「型」だけではないが、「型」だけで判断されてしまうときもある
- 基本の「型」を身につけてこそ、くずすことが可能になる

令和では以前ほど重要視
されなくなったマナーとは

席次、お酌、お辞儀、お見送りなどは変化してきている

　マナーは、ヒューマンスキルである思いやりの心と、テクニカルスキルの「型」の両方あって成り立ちます。そして、相手の立場に立つ思いやりの心は万国共通ですが、その「型」は国や地域、企業、家族また時代などによって異なります。これはビジネスマナーの世界も同様です。そして、どんなに時代が変わろうとも、普遍のビジネスマナーもあります。本書では、一般的にいわれているビジネスマナーの「型」を第1章からお伝えしますが、令和の時代は、次の項目に関しては、考え方に変化が出ています。

❶ 席次

　世界の首脳が集まる会議や国事行事などで、席次は世界中の人が気にかけています。私が中国でマナー研修を行った際、中国の方たちの関心事は席次である「型」でした。ですから、たいへん熱心に受講してくれました。また、全国から会社の幹部が集まって売上発表を行う経営会議で、だれがどの席に座ってもよい、というわけにはいかないでしょう。発表順や役職順に、席が前もって決まっているのが会議運営では必定です。

　ただ、これらの席次は社会人の知識として、知っておくことは大切なことですが、決してその通りにしなければいけないということではありません。たとえば、タクシーに乗る際、通常、上司は運転手の後ろである第一の場所に座ります。しかし、上司がほかの位置に座りたいとなれば、そちらが上座となるわけです。

　また、席次の位置に関係なく、スペースの奥から座ったほうがスムーズではないか、という考え方をする人も多くなりました。たとえば、駐輪場でも、奥

18

から順に駐輪するほうがあとから駐輪する人に親切、ということになります。また、急きょ翌日に何らかの発表をしなければいけないときなど、短時間で結論を出さなければいけない会議では、会議室に入った順に奥から座り、時間短縮をはかったほうが効率的でしょう。

　オンラインにも席次が存在するという謎マナーもあるようですが、そのようなマナーはありません。こちらも入室順にどのように画面表示されるかによります。

　このようなこともあり、令和は席次にこだわらない傾向にあることは否めません。正しい情報を知りつつも、そのときに周囲の考え方や、自分が何をするかに応じてその場を円滑に過ごせるように行動することが大切です。

❷ 社内の飲み会のお酌

　以前は、お酌をすることも仕事のうち、という考え方がありました。しかし、現代では「自分のペースで好きに飲みたい」などの理由からお酌を断る人もふえています。これはお酌に限らず、料理のとり分けも同様です。

　たとえば、ブッフェなどでは、日本人はよかれと思って上司や先輩のお皿をとって差し上げたり、料理をお皿に盛って差し上げたりすることで、気の利く人という評価にもなり、相手も喜ぶ一石二鳥となる時代がありました。しかし、もともと、ブッフェは、自分のものは自分でとることがマナーとされているため、人のためにお皿や料理をとる必要はないのです。

　とはいえ、日本ではお酌もお料理のとり分けも、それをしなければ気が利いていないと思われるのではないかという不安から無理をする人がいたり、それを強要する人もいたりすることは否めません。

　このようなことでストレスを感じたり、人間関係にヒビが入ったりするのはナンセンス。お酌をするしないなどはたがいに問題にせず、その場を心地よく自然な空間にするようにしましょう。

❸ お辞儀の角度やそれを行うシチュエーションを決めつける

　日本にはあいさつをするときにお辞儀の習慣があります。お辞儀には会釈や敬礼などの種類があり、それぞれに前傾する角度が決められています。

　これらの角度は、知識として身につけておくことは決してマイナスにはなりません。知っているといざというシチュエーションで堂々と自信を持って振る舞うことができます。しかし、この角度に意識を寄せてしまい、大切な相手に対する感謝やお詫びの気持ちが飛んでしまっていては本末転倒です。

　お辞儀の角度は、相手への気持ちや状況、立場に応じて前傾することで表現するものです。それは、何度前傾しなければいけない、守らなければいけないという規則ではありません。相手への気持ちをお辞儀という「型」で表現するから気持ちが伝わるのです。ですから、浅いお辞儀よりも深いお辞儀のほうが、気持ちがこもっていると相手が感じ、評価するわけです。

❹ 姿が見えなくなるまでお見送り

　お見送りのしかたも、部屋で失礼するのか、エレベーターまで行くのか、玄関先や外まで見送るのかなど、さまざまです。これも「玄関先や外まで見送るほうが丁重に接してくれている」と相手が感じる可能性が高いという理由から、丁寧なお見送りをしましょうといわれてきました。

　ところが、人によっては、退出したらすぐに一人になって、メールの確認をしたい、電話をかけたい、などと思うこともあります。見えなくなるまでお見送りをされるのも「大切に思ってくれていてありがたい」と感じる人もいれば、「何度も振り返ってこちらもあいさつをしなければいけないから気を遣ってしまう」「疲れる……」と思う人もいます。

　このように人によって受けとり方や感じ方はさまざまです。ビジネスマナーは、決して「こうしなければいけない」という規則ではありません。今、これか

らの時代は、まさに本来のマナーの本質である、相手や状況に応じて臨機応変に柔軟な対応を選択する時代。いつ何が起きるかわからないことを経験した私たちが、これからの社会で心地よく楽しく生きていくためには、たがいに思いやるコミュニケーション力と柔軟力も、ビジネスマナーの一環として必要なことですね。

　このように、ビジネスマナーの考え方も、型も変化していきます。経営者や幹部も「昔から○○○は○○○すると決まっているんだ」という決めつけをなくす必要があるわけですが、今は常識である「時間効率をもっとも重要視することがあたりまえ」という考えもあと数十年経てば変わっている可能性も高いわけです。

　だからこそ、どのような時代になったとしてもマナーの本質である「心」「気持ち」「思いやり」を重視し、そのうえで基本の「型」を学んで習得しておけば、「ここは変わったのだな」と柔軟に受け入れ、対応することができ、スムーズに仕事しつづけることができるのです。

　ほかに、ビジネスチャットやLINEなど、新たなツールの登場で、情報漏洩などの面で最低限守ったほうがいいルールやマナーも出現しています。次章から令和の時代に即したマナーを具体的にご紹介していきます。

社会人になったらアルバイト用語は卒業です！

　コンビニなどのレジでお金を渡したとき「1000円からお預かりします」「以上でよろしかったでしょうか」といった言い回しをよく耳にします。これらの表現は、社会人として仕事中は使わないようにしましょう。

×お電話番号のほうを教えていただけますでしょうか
○お電話番号を教えていただけますでしょうか

　「〜のほう」は比較するものがあるときや方角を指すときに使う言葉です。比べるものがない、方角を指していないのに使うのは耳障りだと思われます。

×1000円からお預かりします
○1000円、お預かりします

　「から」は「どこどこからどこどこへ」など、場所の起点や、「3時から」など時間の起点、「〜だから」と、その理由を伝えるときに使用します。

×こちらでよろしかったでしょうか
○こちらでよろしいでしょうか

　飲食店などで耳にすることの多い表現ですが、「よろしい」を過去形にする必要はありません。

×私的には○○だと思います
○私としては○○だと思います

　「〜的には」という言いかたは、あいまいな表現のため、「私は」とハッキリと言いましょう。「マジですか？」「〜っすか？」といった言葉も、不快に思われるため、使用は避けましょう。

第 **1** 章

身だしなみとあいさつ、
敬語など、
基本のビジネスマナー

1-1 カジュアル化が進む現代でもここだけはおさえておきたい身だしなみ

身だしなみのマナーは業界や職種によって異なります

　身だしなみも業界や職種、状況によって異なります。ただし、共通していることもあります。カジュアル化が進む現代において、ここだけはおさえておきたい身だしなみを紹介します。

● 身だしなみの3大原則

❶ 清潔感

　汚れやシワのない、清潔、清浄を感じさせる身だしなみを。

❷ 機能性

　デザイン性も大事ですが、それ以前に機能性も重視しましょう。

❸ 品性

　制服でも私服でも、その会社の一員である自覚と誇りを持って、品のよさをかもし出しましょう。下着が透けて形や色まで見えてしまう服や、スカートやズボンなどの丈が短い服装は品性に欠けると思われる可能性大です。

● 身だしなみの鉄則

・相手が見てどう思うか？を基準に

　自社を代表する一員である意識を忘れない。派遣社員やアルバイトも同様。

・おしゃれは自分中心・身だしなみは相手中心

　マナーは相手中心で自分にもプラスを得るWin-Winの関係を築くこと

・業種や職種、場所や相手によって変えてもいい

　お客様と会うとき、テレワーク時などで身だしなみは変わってもよい

　身だしなみにも「守破離の原則」を適応しましょう。若いときは職場で目立たず「守り」に徹するのがよいでしょう。ビジネスシーンで、靴、ベルト、カバンなどは、黒で統一しておけば安心です。茶系の靴やベルト、カバンは、NGではありませんが、新人のときはひかえておくのが無難です。

「守」・・・指示通りの基本を行う

　　　社会人1年目　　　　10代から20代

「破」・・・基本の一部を破り、自分流をプラス

　　　社会人10年目以上　　20代後半から30代

「離」・・・基本を身につけたうえで、自分流を表現

　　　社会人20年目以上　　30代後半から40代以上

※年代はあくまで目安です

ジャケットを着用していないときは気を抜かないこと！

　ジャケットを脱いだときの身だしなみも見られています。気をつけることは、汚れやシミ、シワ、ほつれたりやぶれたりしていないか、購入時の値札などのタグがついたままになっていないかなどを確認しましょう。また、ズボンやスカートの腰から、シャツや下着が出ていないかなど、要チェックです。

　男性のワイシャツやネクタイ、女性のブラウスやカットソーなど、ジャケットのなかに着るアイテムの最低限のマナーとして重要なのは〝色〟と〝サイズ感〟です。男性のワイシャツや女性のブラウス、カットソーなどは、体のラインが強調されると不快な印象を持たれる可能性があります。サイズ感にも配慮しましょう。必ずしもワイシャツやブラウスを着る必要のない職種、業種の人はシワや汚れなどのない清潔感のあることは必須です。生地は透け感に注意し、下着や胸など肌が見えない配慮も大切です。

　カジュアルな業種、職種の人は、自由度が高いとはいえ、とくに若手社員は、どんなものでもいいというわけではありません。おしゃれよりも、相手がどう感じるかを最優先に、機能性を重視した、シンプルなものを選ぶことがマナーです。スーツ上下のセットアップを着る機会は少ないでしょう。ただし、お客様と会う際は、濃紺などのジャケットを羽織るのはマナーを心得ている人と一目置かれます。一着持っていると重宝します。

◎ピチピチ、ブカブカはNG。カッコよく見える自分のジャストサイズを
◎どの業種、職種でもジャケットは必要
◎着古した服だったり、アイロンかけすぎのテカテカ感の服はNG

1-2　スーツ着用時の身だしなみ

男性の身だしなみ（スーツ）

　　スーツを着る機会が多い職種（営業など）は、とくに「ワイシャツ」「スーツ」「ネクタイ」を意識しましょう。上着の着用時に見えるシャツの部分は汚れがあると目立ちます。

● **スーツを基本とする企業でオールマイティなスタイル**

ワイシャツ

基本は白無地です。淡い寒色系やストライプ、チェックなどは職場の雰囲気を見て判断を。クールビズの時期や気温の高い地域では半袖もOKですが、基本的には長袖を着用します。

スーツ

色は、濃紺や黒、チャコールグレーなどのダークグレーの無地が基本。体形に合ったスーツ選びを。ただし漆黒は葬儀を連想させるので避けます。袖口から1cmほどシャツが出るようにします。上着のいちばん下のボタンは留めずに外します。ズボンは、裾の長さが靴の甲にふれるぐらいにします。後ろ姿を鏡で見て、靴下が見えていないか確認を。

腕時計

打ち合わせ中に、スマホで時間確認するのはNG。一瞬で時間がすぐわかるものを身につけましょう。ゴールドなど派手なデザインのものは避けましょう。

スマホ・携帯電話

外ポケットにスマホや携帯電話を入れると、生地が傷み、型がくずれるのでひかえましょう。手に持つか、シャツの胸ポケットに入れるのが無難です。

ヘアスタイル

前髪は目にかからない長さにし、襟足はシャツの襟にかからない長さにします。整髪料のつけすぎに注意。

ネクタイ

新人のときは無地やストライプ、小さい柄、ドットを選びます。真っ赤や黄色など、目立つ原色は避けましょう。

ベルト

なるべく靴と同色のものを。派手なバックルやデザインのものは避けましょう。

靴下

脚を組んだときに肌が見えない長さを。スーツと同系色のダークカラーが基本です。

靴

黒の紐で結ぶタイプが基本です。靴が汚れていると目立つため、帰宅したら毎日サッと拭きましょう。

※上記のスーツスタイルはあくまでも一例です。自分の勤める会社の規定・規則・ルールに従うことが大切です。

26

女性の身だしなみ（スーツ）

女性のスーツは、男性と比べると、デザインが豊富です。ポイントは胸元やひざなど、肌の露出を避けること。営業職などではパンツスーツもOKですが、体のラインを強調しすぎないものを選びましょう。

● スーツを基本とする企業でオールマイティなスタイル

シャツ・ブラウス

白無地が基本ですが、就活生と間違われないためにクリームや淡いベージュなどでもよいでしょう。カットソーもOKです。ただ胸元が見えすぎないデザインを選ぶのが基本です。

スーツ

濃紺や黒、グレーが基本です。ベージュや細いストライプが入ったものもOKです。スカートは、座ったときにひざが隠れる長さを。体のラインが強調されるタイプは避けます。

腕時計

打ち合わせ中に、スマホで時間確認するのはNG。一瞬で時間がすぐわかるものを身につけましょう。ゴールドなど派手なデザインのものは避けましょう。

スマホ・携帯電話

外ポケットにスマホを入れると、生地が傷み、型がくずれるのでやめましょう。

靴

黒や紺、ベージュなどのベーシックなパンプス。仕事中はつま先が見えるミュールやブーツは控える。以前は3〜5cmのヒールがあるものが好ましいとされていましたが、3.11大震災以降はローヒールやフラットタイプもOKの会社がふえました。雨靴は職場では履き替える配慮が必要です。

ヘアスタイル

前髪は目にかからないようにします。ロングヘアは仕事のジャマにならないように束ねます。カラーリングは範囲を決めて許容する会社が増えてきています。会社の規定を確認して範囲内で行いましょう。流行のツートーンカラーは目立ちすぎる可能性があるため、控えましょう。

メイク

マスクを着用している人は、注目の集まりやすい、まゆ毛や目元を中心に整えましょう。口紅はマスクについてしまう場合もあり、つけない人が増えています。ただし乾燥しないよう、唇も含めて肌全体の保湿など、スキンケアは行いましょう。色つきのリップクリームも便利です。

アクセサリー

ネックレスやピアスなどは業務のジャマにならない長さやデザインのものを身につけましょう。

ストッキング・タイツ

柄のないナチュラルなベージュのストッキングが基本です。デンセンしていないか、こまめに確認を。近年は、冬は節電で暖房がきいていない場合もあり、黒や濃紺のタイツも着用OKの傾向に。

※上記のスーツスタイルはあくまでも一例です。自分の勤める会社の規定・規則・ルールに従うことが大切です。

1-3 ビジネスカジュアルの身だしなみ

男性の身だしなみ（ビジネスカジュアル）

職種や季節によってはラフな格好もOKになってきています。ただしジーンズや短パンがOKという職場は多いとはいえません。職場の雰囲気をよく観察すること。ネクタイはしめなくてもよいが、ジャケットは必要です。

ジャケット

職場によっては、ふだんよりカジュアルな服装で出社が認められる日があります。紺にベージュ、グレーに紺など、上下のバランスを考えてみましょう。革ジャンやジーンズ素材のジャケットはクリエイティブやファッション業界以外は、ひかえたほうがいいでしょう。

シャツ

細いラインのチェックが好印象。ボタンダウンもOK。オフィスでは、きなりや淡いブルー、グリーンなど、目に優しい色が好まれます。首元の前ボタンは、ひとつ外す程度に。シャツの裾はズボンに入れます。上着を脱いだときにズボンからシャツが出ないサイズか事前にチェックを。

腕時計

スポーティー、カジュアルタイプのものもOK。服のスタイルに合ったものを。

ネクタイ

しめなくてOK。

ベルト

ズボンがベージュや茶系なら、ベルトも茶系を選ぶと統一感があります。

靴下と靴

寒いときなどの靴下は少し厚めのコットンでもOK。靴下に合わせて少し大きめの靴を選びましょう。全体をカジュアルでまとめる場合は、先のとがった革靴よりもスニーカーのほうがマッチする場合も。スニーカーがOKかどうかは会社の規定を確認しましょう。汚れは厳禁です。

※上記のカジュアルスタイルはあくまでも一例です。

女性の身だしなみ（ビジネスカジュアル）

　肌の露出を控えるのは絶対条件です。タンクトップやキャミソールなど、肩が出るものはたとえ夏でも仕事中はひかえます。ジャケットやカーディガンを羽織って、誠実な印象を与えましょう。

NG
ダメージ加工のジーンズ
肌の露出が多いもの
目がチカチカするような原色の服
素足、大柄のタイツ

トップス
襟のないブラウスは、素材や色に品があるものを。ジャケットやカーディガンはすぐに羽織れるように準備を。迷ったときはアンサンブルを着ておけば、問題にはならないでしょう。

ボトムス
ひざが隠れるものを身につけましょう。ミニスカートやショートパンツは一般的なビジネスファッションには不向きです。通勤中もひかえましょう。スカートの場合は座ったときにひざが隠れる丈をひとつの基準に。

素足はNG
夏でもストッキングをはくのが基本。スタイルに応じてソックスもOK。冬は黒や濃紺など防寒用タイツを穿いてもOKです。この場合、靴の色も黒や濃紺で統一しましょう。

ネイル
カジュアルスタイルOKといっても、ラインストーンネイルなど、仕事のジャマになるネイルアートはひかえます（会社が許可している場合はOK）。真っ黒や濃紺、ヒョウ柄などのマニキュアは、見慣れない人は驚くこともあるので避けたほうがよいでしょう。

靴
キャリアを重ねたら、飾りつきのパンプスも履いてもよいでしょう。足の健康を考えられた、甲の深いパンプスもOKです。スタイルに応じてローファーやスニーカーでもOK。ただし、会社の規則を確認するように。

※上記のカジュアルスタイルはあくまでも一例です。

出勤・退勤などの基本のあいさ〜

なぜビジネスであいさつが重視されるのか？

　人間関係は「あいさつに始まり、あいさつに終わる」といわれています。それは、ビジネスでも同様です。一緒に仕事をする人とは、仕事に関することだけをやりとりすればいいというものではありません。いい仕事をするためには、いい人間関係があることが大前提です。人間関係を構築するためには、社会人としてのあいさつをしっかりと行いましょう。

　仕事をするうえで、大切なことは、周囲の人に好感をもたれることです。好かれれば、自分が困ったときに助けてもらえる可能性が高まりますし、仕事上で大事な情報も早く耳に入れることができます。好感をもたれるためには、まず自分からあいさつすることが重要です。

● テレワーク時にも、あいさつは必要

　テレワークではだれとも話すことなく一日を終えることがあり、強い孤独を感じてうつ病を発症する人もいます。心身の健康のためにも、テレワーク中でも、あいさつを行いましょう。自分から先にあいさつすることを「先手必勝のあいさつ」といい、これを行うことができれば仕事がスムーズにいくようになります。

これだけは 絶対にいおう！　　プラスひと言が いえる場合は

おはようございます。

おはようございます。本日もよろしくお願いします。

出勤時のあいさつ言葉

失礼します。
（失礼いたします）

お先に失礼します。
（お先に失礼いたします）

退勤時のあいさつ言葉

お疲れさまです。

お疲れさまです。おかげで本日も仕事がはかどりました。

仕事中

● 上司に注意されたときに無視するのはNG

　上司が名前を呼んで指示を出そうとしているのに無視する部下がいます。嫌いな上司であっても仕事をするうえで、話しかけられているのに無視する行為はNGです。たとえ、その場では許されても、人事評価は低くなる可能性があります。

● ビジネス言葉

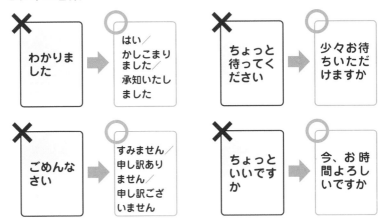

● ビジネスパーソンの基本のあいさつ言葉

感謝の気持ちを伝えるときは	ありがとうございます／ありがとうございました
お客様を迎えるときは	いらっしゃいませ／お待ちいたしておりました
お客様と話し始めるとき	お世話になっております
話しかけるとき・部屋に入るとき	失礼いたします
だれかが外出するとき	行ってらっしゃい
自分が外出するとき	行ってまいります／行ってきます
だれかが帰社したとき	おかえりなさい

1-5 あいさつのしかた1

あいさつは人間関係をつくるスタートライン

　あいさつ（挨拶）の『挨』には「押す、打つ」、『拶』には、「迫る、近づく」という意味があります。つまり、あいさつとは、「相手とお近づきになる」ということ。その結果、おたがいよいコミュニケーションをとり、良好な関係になるためにあいさつをするのです。

● あいさつの手順

❶		急いでいるときでも立ちどまり、かかとをそろえるのがマナー。ただし、緊急のときなど、やむをえない場合もあるので、状況に応じて臨機応変に。
❷		相手を見てハッキリとした声で伝えます。社外の人には「お世話になっております」などと声をかけます。このあと、お辞儀をします
❸		上半身を素早く前に傾けてお辞儀をします。頭上から腰までは一直線になるようにして首や背中は丸めずに。お辞儀をしたらいったん静止（2秒静止して、3秒目から上体を戻し始める）し、戻すときはゆっくりめにします。再び相手の目を見ます。。

● 5種類のお辞儀

目礼
混雑しているエレベーターや電車内などで上司や知人に会った場合に使います。上半身を傾けずに、首を少し傾けて目（表情）だけで黙ってあいさつをします。

会釈
オフィス内で同僚とすれ違うとき、入室・退室する際の軽いあいさつをするときに。上体を15度ほど曲げる軽いお辞儀を。目線はつま先から2mぐらい先に。

敬礼（普通礼）
初対面の人や来客、上司へのあいさつに。上体を30度ほど曲げる一般的なお辞儀を。首や背中を丸めないこと。

最敬礼（丁寧礼）
謝罪や感謝を伝えるときなどに。上体を45度ほど傾ける丁寧なお辞儀を。お見送りやパーティーなどのあらたまった場で使う。

拝礼
とくに深い感謝や謝罪の気持ちを伝えるときに使います。上半身を90度、前方に傾けます。神社の参拝で行う拝礼も含まれます。

あいさつのしかた2

状況別のあいさつのしかたを覚えましょう

　相手と出会った場所や時間帯によっては、あいさつのしかたは変わります。状況に応じたあいさつが自然とできるようにしましょう。たとえ上司や先輩から返事がなくても毎日必ず行いましょう。

● 状況別のあいさつのしかた

廊下でのあいさつ

　前方から人が来たら、自分がはしによけます。上司やお客様とすれ違うときは、できれば一度立ちどまってあいさつをします。前から来ている複数人が会話している場合は、はしによけて会釈だけでもよいでしょう。来客案内中に上司が前から来たときは、譲らなくてOK。会釈するのみでかまいません。

電車内でのあいさつ

　就業時間外だからといって、電車の中で無視はダメです。ラッシュ時など、混雑しているときは目を合わせて会釈するのみでかまいません。状況に関わらず、あいさつするのは自分からが基本です。電車を降りてから、周囲のスペースが可能な状況になったら声をかけましょう。

エレベーターであいさつ

　可能であればあいさつを。混
雑している場合は会釈のみでもよ
いでしょう。駆けこむのは危険で
す。迷惑にもなるので行わないよ
うに。エレベーターに社外の人が
乗っている可能性があるため、あ
いさつ以外の会話は避けるのが無
難です。また機密事項が載ってい
る資料などを手に持ったまま、乗
るのもNGです。

受付の人や守衛の人にあいさつ

　受付の人や守衛の人は、会社に
入ってくる人たちに「おはようござ
います」とあいさつしてくれること
が多いです。自分も「おはようござ
います」と返事をしましょう。訪問
者たちからの好感度アップにもつ
ながります。朝で声が出にくいと
しても、会釈は行いましょう。

敬語の基本1

敬語を正しく使えると、人間関係がスムーズになります

　　敬語は、おたがいの尊敬の念を表すために必要です。また、人と人とのあいだに調和をつくります。言葉の身だしなみであるわけです。いったん身につけてしまえば、後年になってもずっと使えますので、新人と呼ばれるあいだに覚えましょう。また幹部との面談があるときや、役職がついたときなども、自分の敬語が間違えていないか確認してみましょう。

● 敬語の種類

尊敬語	相手の動作や行動を高めることで、敬う気持ちを表現する。主語を相手にする。	会う━━▶お会いになる／会われる 来る━━▶いらっしゃる／お見えになる 言う━━▶おっしゃる／言われる 食べる━━▶召し上がる 見る━━▶ご覧になる／見られる する━━▶なさる
謙譲語Ⅰ	自分の動作や行動をへりくだることで相手を高める（動作の対象は相手）。	会う━━▶お会いする／お目にかかる 行く━━▶伺う／参る 言う━━▶申し上げる 見る━━▶拝見する 送る━━▶お送りする
謙譲語Ⅱ （丁寧語）	自分の動作や行動を丁寧に表現する（※動作の対象は相手ではない）。	行く━━▶参る／参ります 言う━━▶申す／申します 知る━━▶存ずる／存じます いる━━▶おる／おります する━━▶いたします
丁重語	丁寧な気持ちを表現する。相手を高めたり、自分がへりくだるわけではない。	会う━▶会います 来る━▶来ます 〜です━▶「〜でございます」
美化語	単語に「お」や「ご」をつけることで敬意を表現する。外来語と職業には使用しない。	名前━━▶お名前 氏名━━▶ご氏名 住所━━▶ご住所 電話━━▶お電話 家族━━▶ご家族

社会人がもっとも使う敬語5

- ⊙ わかりました ➡ 承知しました／承りました／かしこまりました
- ⊙ (場所や物事を)知っています ➡ 存じております
- ⊙ (人を)知っています ➡ 存じ上げております
- ⊙ 聴きます ➡ 拝聴いたします
- ⊙ 受けとりました ➡ 拝受いたしました

ビジネスでよく使う敬語

動詞	尊敬語	謙譲語
い　る	いらっしゃる／いらっしゃいます	おる／おります
言　う	おっしゃる／おっしゃいます	申し上げる／申します
話　す	お話しになる／お話しになります	申し上げる／申します
す　る	なさる／なさいます	いたす／いたします
来　る	いらっしゃる／いらっしゃいます お越しになる／お越しになります お見えになる／お見えになります	参る／参ります
行　く	いらっしゃる／いらっしゃいます	参る／参ります　伺う／伺います
見　る	ご覧になる	拝見する／拝見いたします
書　く	お書きになる	お書きする／お書きします
会　う	お会いになる	お目にかかる／お目にかかります
食べる	召し上がる	いただく／いただきます
もらう	お受けとりになる	いただく／いただきます ちょうだいする／ちょうだいします
受ける	お受けになる	拝受する・いただく
知　る	ご存じ	(人以外を) 存ずる／ (人や人に関わるもの) 存じ上げる
わかる	おわかりになる	承知する・かしこまる

1-8 敬語の基本2

学生時代に使っていた言葉を一新しましょう

　社会人になったら、学生時代に使っていた言葉を変える必要があります。以下の言葉はオフィスでは使えるようにしておきましょう。お客様の対応には敬語を使うのが社会人として必須の最低限のマナーです。

● 社会人の言いかえ敬語

だれですか	失礼ですが、どちら様でいらっしゃいますか
何の用ですか	失礼ですが、どのようなご用件でしょうか
ちょっと待ってください	恐れ入りますが、少々お待ちいただけますでしょうか
また来てくれますか	あらためて、お越しいただけますでしょうか
会議室を見てきます	会議室を見てまいります
帰ったら、言っておきます	戻りましたら、申し伝えておきます
電話をしてください	恐れ入りますが、お電話を頂戴できますでしょうか
わかりました	かしこまりました／承りました
もう一度言ってください	もう一度おっしゃっていただけますでしょうか

間違いやすい敬語を知りましょう

　相手を敬う気持ちを敬語で表現しようと思うあまりに、よかれと思って使った言葉が、実は間違った敬語だということもあります。今まで使い慣れてきた言葉もあるかもしれませんが、社会人として正しい敬語を知って使いましょう。

● 二重敬語
×課長がお召し上がりになった
○課長が召し上がった

　「食べる」の尊敬語は「召し上がる」です。それに丁寧に「お」をつける必要はありません。また、「召し上がる」に「になる」がついて、敬語が2つ以上重なっています。これを二重敬語と言います。平安時代などでは、二重にすることが敬意の表れとしてよしとされていましたが、現代では、二重にする必要はない、といわれています。

● 身内敬語
×山崎課長はお帰りになりました
○山崎は帰宅いたしました

　社外の人に社内の人の話をするときは、自社の人のことを身内とし、敬称も付けず呼び捨てにします。また、「お帰り」などの丁寧な言い方もしません。

● 肩書き敬語
×部長さん　　　　×秘書さん
○部長の○○さん　○秘書の○○さん

　役職は、敬語的表現であるため、上司にも敬称は使いません。

● ら抜き言葉
×食べれる　　　　×見れる
○食べられる　　　○見られる

　誤って使う人のほうが多い今日では、「食べられる」「見られる」と正しく使う人は、言葉遣いに敏感な人から尊敬されます。

● あいまい言葉

×今日中に完成させます

○本日の○時までに完成させます

　「たぶん」「○○じゃないかと思うのですが」などのあいまいな表現は、ビジネスにおいてトラブルのもとです。「○時まで」などとはっきりと具体的に述べましょう。

● アルバイト言葉

×こちらでよろしかったでしょうか

○こちらでよろしいでしょうか

　22ページのコラムにもある通り、「よろしい」を過去形にする必要はありません。

● 若者言葉

×そうっすね！　そうですね〜

○そうなのですね

　社会には幅広い年代の人が存在しています。仕事中、ついふだん使用している言葉を発してしまう人がいます。「親しき仲にも礼儀あり」を忘れずに、不快に思われる言いかたや言葉は避けましょう。

間違いやすいNGフレーズ

×「今日は会社におられますか？」

　「おる」は「いる」の謙譲語なので、「られる」という尊敬語といっしょに使うのは間違いです。正しくは「いらっしゃいますか」。

×「佐々木様が参っています」

　「参る」は「行く」「来る」の謙譲語なので相手の動作につけるのは間違い。正しくは「いらっしゃっています」。

×「今行きます」

　謙譲語として使うなら「行く」ではなく、「伺う」「参る」になります。また、ビジネスでは**「ただ今伺います」「ただ今参ります」**と言うのが◎。

×「お世話さまです」

　意味は「お世話になっています」と同じですが、目上の人から目下の人に使う表現といわれています。目上の人に使うと失礼にあたるので注意。

×「すてきなオフィスでいらっしゃいますね」

　物や動物、風景などには尊敬語は使わないのがルールです。**「すてきなオフィスですね」**でじゅうぶんです。

×「○○様は存じております」

　「存ずる」は「知っている」の謙譲語ですが、人を知っている場合は「存じ上げる」を用います。正しくは，**「○○様は存じ上げております」**。

×「部長のお話、とても参考になります」

　「参考にする」は「考える際の足しにする」という意味なので、目上の人に使うのは失礼と思う人もいます。**「勉強になります」**と言うのが賢明です。

指示の受けかたの基本

指示を理解することは、仕事をやり遂げる第一歩

　仕事は上司からの指示に始まり、上司への報告で終わります。指示と報告は
セットであり、職場の命令系統の根本といえます。上司からの指示を正確に受
け取り、その意図を理解することが、仕事をスムーズに進めるための第一歩。
いずれはあなたにも部下、後輩ができ、指示を出す立場になります。そのとき
のためにも、正しい指示の受け方を身につけましょう。

1　呼ばれたら明るい声で「はい」と返事をする

　上司に呼ばれたら、すぐに体と顔を向けて、明るい声で感じよく「はい」と返
事をしましょう。立ち上がったらイスは机の下に入れて、ペンとメモを持って
上司の元へ向かいます。作業に没頭しているときに、上司に名前を呼ばれると、
わずらわしく感じるかもしれません。しかし、仕事は上司からの指示で始まり、
上司への報告で終わるもの。目の前の作業は一時的にストップして、上司の元
へと向かうのが礼儀であり、ビジネスマナーです。

2　「5W3H」に従って、メモをとる

　上司の話を聞くときは、メモを持っていくことを忘れないようにします。メ
モを持っていく姿勢は、仕事に対する真剣さや上司への敬意を感じさせます。
メモは、いわれたことを漫然とメモするのではなく、内容を理解しポイントを
つかみながら書いていくことが大切です。

　ここでは「5W3H」を意識しつつ、メモをとるとよいでしょう。「いつ・
When(期日)」「どこで・Where(場所)」「誰が・Who(誰)」「何を・What(目的)」「な
ぜ・Why(理由)」「どのように・How(方法)」「いくつ・How many(数量)」「いく
ら・How much（値段）」は、内容を理解するうえでも重要です。

　なかには「メモなんてとらなくても一度聞けば覚える」という人もいるでしょ

う。アナログなメモより、ＩＣレコーダーなどで録音するほうが、効率的と思う人もいます。しかし、録音をするときは相手の許可を得ることがマナーとなります。まれに、録音できていなかった、ということもあります。一方、メモをとることはそれだけで、熱心に話を聞いていることのアピールにもなります。それを見た上司は安心し、評価をします。トラブルが起きたときも、指示を受けたときのメモが残っていたら、「言った」「言わない」のやりとりを回避しやすくなります。上司からの指示をメモにとることは、あなたにとってメリットが大きいのです。

3　指示を聞き終えたら、要点を復唱確認

　指示を聞き終えたら、要点を復唱、確認します。自分の理解が間違っていないかを確認することは大切なことです。誤った解釈をしたままで行動してしまうとトラブルを生むこととなり危険です。上司からの情報が不足していたり、疑問点や不明点があったりする場合、このときに質問します。

　ここで、理解できてもいないのにわかったふりをするのはＮＧ。時間が経ってから尋ねることのないように。理解できていないことはその場で聞いて、全体像を把握したうえで、仕事にとりかかります。次のポイントを意識しつつ、不安に思うことも含めて復唱、確認と質問をしましょう。

・値段、期日、数量など、数字に関することを確認
・商品名、人名、社名など、固有名詞を確認
・指示の目的、結論を確認

・無言で指示通りに動くだけでは失敗する可能性が高まる
・矛盾点や疑問点があれば、その場で質問をする

1-10 報告のしかた

仕事において「指示」と「報告」はセットです。上司の指示を受けて仕事をした以上、上司への報告は欠かせません。指示された仕事を終えたのだから、いちいち報告をする必要はないと思っている人がいます。しかし、仕事は次の仕事とつながっています。作業ごとの報告が正しく行われていなければ、細かな齟齬が積み重なり、やがては大きなトラブルを引き起こしかねないのです。

● 報告すべき内容とタイミング

「結果」を報告

作業が完了したら、すぐに上司に報告。報告のしかたは状況に応じて、対面口頭やメールなどで行います。

「経過」を報告

作業が長期間に及ぶときは、進捗状況、今後の見通し、新たな情報や問題点など、途中経過も報告しましょう。

「トラブル」を報告

「悪い報告」ほど、早めに伝えましょう。報告が早いほど、対応策を協議できますし、深刻化を避けられます。

● 上司に報告するときのポイント

「結論」から話す

最初に「結論」を伝えます。結論を知ってから、それに至る詳細を知ることで、理解力も高まります。逆に結論を先延ばしにして、経過や理由を延々と述べていると、「要するに何が言いたいの？」「結論は？」といわれかねません。悪い結論の場合は「残念ながら……」「申し訳ないことに……」などのクッション言葉をつけて伝えることも必要です。

44

「事実」を正確に伝える

　報告するときは「事実」と「私見」を明確に分けてください。私見とは感想や印象など、あなたが思っていることを指します。

　両者の区別が曖昧だと、上司は正しい状況判断ができません。あなたの推測や希望的見解を事実と思い込んで、現実とかけ離れた判断をしてしまうかもしれないのです。まずは事実を正確に伝えます。どうしても伝えておいたほうがよいと思われる私見はそのあとで、「これは私の考えですが……」と前置きしてから伝えましょう。

「５Ｗ３Ｈ」を活用する

　正確にわかりやすく事実を報告するためにも「５Ｗ３Ｈ」を踏まえて、要点を整理して話しましょう。とくにミスやトラブルといったネガティブな報告は、感情が先走って言い訳交じりになってしまうと、正しい情報や事実が伝わりません。報告をしたことで、かえってトラブルになっては本末転倒です。そうならないためにも、「５Ｗ３Ｈ」で要点を整理して、具体的かつ簡潔に報告しましょう。

「優先順位」を考える

　複数の報告をするときは、優先順位の高いものから報告していきます。優先順位は重要度、緊急度、影響度などから判断します。特に悪い報告とよい報告がある場合は、よい報告を先に伝えます。その後、悪い報告をし、その対応策を話し合ったりします。一方、その後の対応策を話し合う必要のない場合、悪い報告を先に、あとによい報告を伝えることで、プラスの気持ちで次の業務にとりかかることができます。

「相手の都合を考えない」はＮＧ

　ほとんどの場合、上司はいくつもの案件を抱えています。あなたが考えているよりも、はるかに時間に追われているものです。

　報告も一方的に行うのではなく、上司の都合を考えて行いましょう。

1-11 連絡のしかた

「連絡」は、事実をそのまま伝えること

　報告が最終的な結論まで含むのに対して、連絡は「事実」と「先の見通し」を伝えることです。職場における連絡事項は多岐に渡ります。社内で決まった新しいルールやとり決めも、プロジェクトを進めるなかでの取引先とのやりとり、勤務中の行動予定もすべて連絡事項に含まれます。

　業務のあらゆる範囲に関わるだけに、連絡の重要性を心得、そのしかたのポイントを身につけ実践しましょう。

● 業務に関連する連絡の例

日常的な連絡	緊急時の連絡
・会社を休むとき。	・電車の遅延で約束の時間に間に合いそうにない。
・遅刻するとき。	・外出中の上司宛てに急ぎの電話があった。
・早退するとき。	・会議の時間が変更になった。
・外出するとき。	・待ち合わせ場所に変更が生じた。
・外出先から。　　　など	・社内、社外の関係者から訃報が届いた。

● 上司や同僚に連絡するときのポイント

迅速かつ正確に

　事実を早めに連絡します。とくに外出時や不測の事態が起こったときは、自分の代わりに対応してくださる方の立場に立って、現時点でわかっている情報を正確に連絡しましょう。以下は現在の状況、今後の予定、帰社予定時刻、連絡事項の確認などを伝えています。

　「お疲れさまです。予定の訪問をすべて終え、あと30分ほどで社に戻ります。何か急ぎの連絡事項などはありますでしょうか」**「おはようございます。ヤマダです。電車の遅延で、出社が20分ほど遅れそうです。今、渋谷駅で、次の電車を待っているところです。詳しい状況がわかりしだい、あらためてご連絡いたします。申し訳ございませんが、よろしくお願いいたします」**

情報共有が必要なときは、「確実に共有できる連絡方法」を考える

　プロジェクトのために一丸となって動いているときなどは、チーム全員が情報を共有し合うことが重要です。

　このような場面では、あなたの会社の環境やルールに従って、「確実に共有できる連絡方法」を考えましょう。その手段は、環境や用途に応じてGoogleドキュメント、ChatWorkなどのツールや、SNSグループメッセンジャー、LINEグループ、Skypeなどがあります。また、メーリングリストでの共有も可能です。LINEやSkypeなどを使用すれば、グループ電話も可能です。

　定期的にチーム全員が集まって、たがいの意見を出し合う場をつくることも、情報共有の方法の一つです。直接会ってのオフラインでも、オンラインでも可能。

〈チーム共有連絡手段〉
・Googleドキュメント　・ChatWorkなどのツール　・SNSグループメッセンジャー
・LINEグループ　・Skype　・メーリングリストなど
　LINEやSkypeなどでグループ電話も可能

　いずれの場合も、伝える相手、人数、情報の内容、スピードなどを考慮して、最適な連絡方法を選びます。

● 連絡が伝わったのか、必ず本人に確認する

　連絡は当事者に伝わらなければ意味はありません。たとえば、電話を受けたら電話伝言メモを残して、さらに本人に確認をします。メールやSNSツールで連絡をしたときは、既読の表示がされれば確認せずともわかります。

　電話以外の連絡事項でも、本人に伝わったのか、確認をとると安心です。相手に理解されたか不安なときは「ご不明な点はございませんか？」と質問を促すことで、正しく理解してもらうきっかけになります。

1-12 相談のしかた

礼儀をわきまえて、積極的に尋ねましょう

● 相談上手は、社会人として伸びていきます

「報連相」といった言葉を聞いたことがあると思います。「報告」「連絡」と同じくらい、ビジネスシーンで「相談」は重要です。

上司から指示を受けて仕事を進めるなかで、疑問点や問題点にぶつかったときは思い切って相談してみましょう。一人で抱えこんだり、勝手な判断で進めてしまったりすると、無用なトラブルを招く危険性があります。最終的に問題を解決するのは自分でも、そのプロセスでは助けを借りて、よりよい結果を出しましょう。

● 相談を受けることは、上司や先輩もうれしい

上司や先輩に対する遠慮から、なかなか相談できない人もいます。

しかし、部下や後輩に相談されるということは、それだけ信頼されている証し。上司や先輩もまんざらではありませんから、気兼ねなく相談してみましょう。相談することで、上司や先輩との関係も深まります。

とはいえ、何度も似たような相談を持ちかけるなど、相談のしかたが適切でなければ、快く相談に乗ってもらえません。

良好な関係を築くためにも、マナーに則した相談のしかたが大切です。

● 上司や先輩に相談するときのポイント
相談内容を整理して、要点をまとめておく

漠然とした相談はNG。上司や先輩がわかりやすいように、要点をまとめて、何について相談したいのかを明確にしましょう。

上司や先輩はあなたのために、時間を割いてくれるのです。貴重な時間を無駄にしないように、事前の準備をしておきましょう。要点はメモなどに書き出しておくと、考えもまとまり、相談もスムーズに進みます。

相談する目的を明確にしておく

　相談する側が、何がわからなくて、何をどうしたいかなど、その目的を明確にしていないと、相談される側は困ってしまいます。上司や先輩も、何のために相談されているのかがわかれば、具体的なアドバイスができます。

相談相手の都合を確認する

　貴重な時間を割いて、相談に乗ってくれる上司や先輩にかかる負担はなるべく少なくしましょう。そのためにはあらかじめ相談したい内容や、相談にかかりそうな時間を、事前にメールなどで伝えておくとよいでしょう。上司や先輩も相談に割く時間などを調整できます。相談も「相手優先」の精神で行います。

答えを求めるのではなく、アドバイスをいただく気持ちで

　相談のゴールは答えを得ることではありません。問題解決のヒント、アドバイスをいただくための行為だと心得ておきましょう。

　上司や先輩は問題の当事者ではありません。相談に乗るということは、あなたのためを思って最善のアドバイスをしてくれるということです。

問題解決とは無関係に、必ず「お礼」と「結果報告」をする

　相談が終わったら、相談に乗っていただいたことに対して、必ずお礼を伝えましょう。

　また、相談を受けた相手は、あなたのその後を気にしています。自分のアドバイスが役立ったのかどうかを心配しています。

　必ず結果の報告をすることを忘れずに。

1-13　テレワーク中のマナー

テレワークはコミュニケーションが命

● 直接対面時以上に、コミュニケーションをとることが大切です

　テレワーク、リモートワークは、仕事をする場所が異なるだけで、会社の一員としてその会社の仕事を行うことに変わりはありません。この意識を忘れずに、テレワーク、リモートワークも職場で仕事をすることと同様の気持ちで行いましょう。

気の遣いすぎはかえってマナー違反

　上司や先輩が忙しそうだから「報告や連絡、相談、確認をしては迷惑では?」などの気遣いをしすぎると、結果、コミュニケーションをとれないということになり、ミスコミュニケーションからの誤解などを生み出します。同じ場所で仕事をしていないぶん、いっそうのコミュニケーションが大切です。

遠慮しないで先手のコミュニケーション

　相手の立場に立って、配慮することは大切ですが、テレワーク時は遠慮することなく、コミュニケーションを積極的に、先手でとってまいりましょう。

● テレワーク／リモートワーク基本マナー3原則

❶ 身だしなみ

　朝起きたら、洗顔や歯磨き、整髪などの身だしなみを整えましょう。自宅での仕事も、職場に出勤しての仕事と同様に給与や報酬というお金をいただくことに変わりはありません。身だしなみを整えることで、気持ちが引き締まります。

❷ 1時間に一度は、休憩

　部屋に一人で仕事をしている人は、仕事に集中しすぎて体調を崩すことのないように、自己管理も大切です。1時間に一度、背伸びをしたりなど体を動かしたり、目や脳を休めてリフレッシュしましょう。

❸ 1日に一度は電話か対面で会話

　テレワークでは一日じゅう、だれとも話をしなかった、という人も少なくありません。その結果、寂しさや不安から体調を崩しては本末転倒です。勤務時間以外は、友人や家族などと会話をすることも意識して行いましょう。

● テレワーク中の疑問Q&A

Q　テレワーク中の人には、いつ電話してもいいのですか?

A　通常出勤の業務時間内を目安に電話をかけましょう

　　自社の人なら通常出勤の業務時間内であれば電話をかけてよいでしょう。他社の人の場合は、午前10〜午後5時を目安にしましょう。営業時間帯は、事前に確認をしておくと安心です。あらかじめ、電話をしてもよい時間をメールやチャットで尋ねておくのも一つの手です。

Q　テレワーク中に多少サボっていても仕事を仕上げればいいのでは?

A　テレワーク中にサボっていないかを確認できるアプリやシステムを導入する会社がふえています。会社から疑問を持たれないためにも昼寝や買物などは、休み時間内に行いましょう。もちろん、適度に休憩をとることも大切です。

Q　チャットの即レスがたいへんすぎるのですが……

A　メールでやりとりせずに、チャットだけで仕事をする会社もふえつつあります。チャットの返信をすぐにしないと、相手の仕事が進まない内容があります。短い文章でもよいので、できる限りこまめな返信を心がけましょう。

1-14 携帯電話のマナー

会社支給のスマホや携帯電話は大切に扱いましょう

● 周囲に気を配り、情報漏洩にも気をつけましょう

【携帯電話に電話を受けるとき】

■名乗ってから出る

携帯電話でも「もしもし」とは出ずに「はい、ウィズの加藤です」などと社名と名前を名乗ってから出ます。外出先では周囲の人に聞かれないよう、会社名は名乗らなくてもOKです。

■都合が悪いときはかけ直す

移動中や騒がしい場所にいるときなどは、無理に電話を続けずに、お詫びしてかけ直すのがスマートです。その際は、何分後ぐらいにかけるかも、必ず伝えます。**「申し訳ありません。ただいま、移動中ですので30分後にかけ直してもよろしいでしょうか」**などといいます。

〈かけ直すべき場所〉

・電車やバスなどの車両　・電車のホームやバス停など　・電波が悪い場所
・歩きながらなど移動中　・レストランや映画館、美術館など

● 【相手の携帯電話にかけるとき】

以下の行為はNG行為となります。

・**歩きながらかける**　・**いつでも携帯番号にかける**　・**複雑な内容を話す**
・**相手の都合を考えずに、話し出す**　・**非通知モードでかける**

■許可をもらっているか考える

携帯電話の番号が名刺やメールの署名欄に書いてあればかけてもOK。ただし、ビジネスの電話は、まずは会社の電話番号にかけると心得ておきましょう。携帯電話にかけるときは事前にそれを伝えておくと相手は安心です。

■相手の状況を確認する

相手が電話に出たからといって、いきなり本題を話してはいけません。「ただいま、○分ほどお話ししてもよろしいでしょうか」と確認をとると親切です。

■かける場所を考える

駅のホームなどの騒がしい場所でかけると、雑音が入り、相手が聞き取りづらいのでNGです。また、歩きながらなど、メモがとれない状況でかけるのも避けましょう。

■できるだけ手短に済ませる

相手が携帯電話だとメモをとれないことが多いでしょう。複雑な話題や、長話は避け、簡潔に用件を伝えてすみやかに切りましょう。

■外出している人の携帯番号は教えない

社外の人に「○○さんの携帯電話の番号を教えてほしい」といわれても、本人の了承なしに教えてはいけません。取り次ぐ場合は、本人から連絡させましょう。

■重要な内容は避ける

周囲に話す内容が聞こえてしまうため、企業機密や個人情報は話すべきではありません。

■打ち合わせ中に携帯が鳴ってしまったら

携帯電話は電源を切って、バッグにしまっておくのが心配り。もし、鳴ってしまったら「たいへん失礼いたしました」と謝罪して電源を切りましょう。断りもなく電話に出るのはNGです。

ビジネスでも大事な「表情」について考えましょう①

　ビジネスでもプライベートでも、人に好かれる人はよい表情をしています。とくに、ビジネスでは、たった一度、会ったその瞬間に、よい印象を持たれるかどうかで、その後の関係が左右されるといっても過言ではありません。これを第一印象といいます。第一印象でよい印象を持ってもらえたら、プラスの印象から商談などがスタートしますから有利になります。

　第一印象が決まる「表情」をどうやったらよくすることができるでしょうか。自分一人でいるときの表情は、鏡やオンラインで画面に映るときなどに確認できますが、ふだんパソコンに向かっているときや、お客様や上司、先輩たちと会話をしているときには自分がどのような表情をしていて、それを相手にどのような印象を与えているのかわかりませんね。ですから、つねに相手を不快にさせない表情を「意識」することが大事です。

　今までは「口角を上げる」とか「歯を8本見せる」などをして、よい表情をつくる、といわれてきましたが、私は以前よりよい表情はまず"つくる"ものではない、とお伝えしています。なぜならば、表情とは、その人の内面、心が顔に表れ出た様子のことだからです。あなたの内面が自然に顔の表情となって表現されるわけですね。

　また、よい表情のポイントは口ではありません。「目」です。目がほほえんでいることが本物の笑顔です。19世紀のフランスの神経学者デュシェンヌ(Duchenne)が、顔の筋肉の動きから目尻が下がってシワが出るような笑顔が好印象を与える、と定義しました。日本でも「真の笑顔」と「偽の笑顔」の違いという研究論文の中で発表されています。

76ページに続きます☞

第 2 章

電話、メール、文書の
ビジネスマナー

電話の受けかた１

会社の代表として電話を受けていることを念頭に対応しましょう

電話は相手の表情がまったく見えません。したがって、声と言葉でコミュニケーションをとっていきます。相手に失礼のないように、正確に情報をわかりやすく、感じよく伝えていきましょう。初めは緊張するかもしれませんが、準備して臨めば大丈夫です。

また、新入社員が少し言葉を間違えたとしても、きちんと「申し訳ありません、言い間違えました」と謝罪すれば、相手に伝わりますので勇気を持って電話に出ましょう。

● スマートに受けるためのルール３

❶ ３コール以内に出る

相手を待たせないよう、電話が鳴ったら素早くとります。３コール以上鳴ったら「お待たせいたしました」、５コール以上では「たいへんお待たせいたしました」といって出ます。

❷ 手元にメモとペンを用意

必ずメモとペンを準備して出ます。相手の会社名は、伝言を頼まれてから聞き返すことのないよう、最初に聞いたときにメモしましょう。

❸ 利き手と逆の手でとる

利き手と反対の手でとれば、利き手ですぐにメモをとれます。受話器を首にはさんだままパソコンを操作しながらなどの会話は、たとえ見えていなくても態度は声色で伝わるため、行わないように。

● 電話を受ける手順

❶ 受話器をとり、名乗る

「はい、○○株式会社です」と会社名を名乗ります。朝10時半までは「おはようございます、○○株式会社です」と出ます。相手に好印象を与えるため、声のトーンに気をつけましょう。

❷ あいさつをする

「いつもお世話になっております」とあいさつをします。

相手の会社名や名前を聞き取るように注意しましょう。

❸ とりつぐ

「営業部の田中でございますね。少々お待ちいただけますでしょうか」と、とりつぐ人の部署と名前を復唱し、相手が待つことを了承したら保留ボタンを押します。

❹ 指名された人にとりつぐ

「田中部長、○○株式会社の高橋様より2番に電話が入っています」などと、伝えます。とりつぐ相手の席が自分から離れている場合には、席の近くまで行って本人に伝えます。内線で他部署にまわす場合は「お疲れさまです、総務課の井上です」と自分の名前を名乗ったうえで伝えます。

相手の声が聞きとりづらいときは「お電話が遠いようなのですが……」
「聞こえません」などとストレートにいうのはたいへん失礼です。「こちらの都合で恐縮ですが……」などといって、聞き返します。

相手が名乗らないときは
「差しつかえなければ……」。相手がだれでも、会社名と名前は必ず把握します。「失礼ですが」「恐れ入りますが」などのクッション言葉をつけて聞きましょう。

次ページに続きます☞

2-2 電話の受けかた2

担当者不在の場合は状況によって対応を変えましょう

● 担当者が別件の電話中

「申し訳ございません、中田はただ今別の電話に出ております」。話している途中で電話が終わったら「ただ今終わりましたのでおつなぎします」と伝えます。長引きそうであれば「中田の電話が終わりしだい、電話を折り返しさせますが、いかがいたしましょうか」と伝えます。

● 担当者が席を外している

「あいにく、中田はただいま席を外しております」。トイレなどの場合は、理由は告げず「5分ほどで戻ると思います」と伝えると親切です。

● 担当者が外出中

「あいにく田中はただ今、外出しております。午後5時ごろには戻る予定でございます」。外出先は伝える必要はありません。帰社が予定より遅れた場合、またムダに電話をさせてしまうかもしれません。帰社予定時刻の30分後くらいの時刻を伝えておくと安心です。

● 担当者が休暇・在宅勤務

「申し訳ございません。中田は本日お休みをいただいております(在宅勤務をしております。○日には出社する予定です)」と伝えます。

※情報漏洩に気をつけましょう!

・社内の人の携帯番号を安易に教えない

名刺に記載しているか、本人の了承がある場合には携帯番号を伝えてもOKです。そうでない場合は「申し訳ありませんが、担当者から折り返しお電話を差し上げます」と、担当者から電話させるようにします。

・出張先の詳しい情報を教えない

出張先のホテルや、担当者が取引している会社名を安易に教えてはいけません。取引先に対してプレゼン中などであれば、競合他社による妨害行為などが発生する恐れがあります。

58

● 伝言メモを作成し、担当者に伝えましょう

　伝言メモをわかりやすく書くことは、仕事の基本中の基本です。会社によっては伝言メモのフォーマットがあるので確認しましょう。

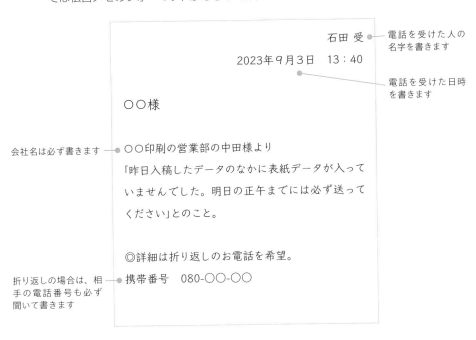

電話を受けた人の名字を書きます

石田　受

2023年9月3日　13：40

電話を受けた日時を書きます

○○様

会社名は必ず書きます ── ○○印刷の営業部の中田様より

「昨日入稿したデータのなかに表紙データが入っていませんでした。明日の正午までには必ず送ってください」とのこと。

◎詳細は折り返しのお電話を希望。

折り返しの場合は、相手の電話番号も必ず聞いて書きます ── 携帯番号　080-○○-○○

● 伝言メモのあとのフォローも大切に

メモを置く場所に気を配ります

　伝言メモを机に置くときは、書類にまぎれて紛失しないような場所に置きましょう。のちにチャットやメールに「○○印刷の○○様よりお電話がありました。伝言メモをデスクの上に置きました」と連絡しておくと安心です。さらに伝言メモの内容をメールにも記すと親切でデキる人と思われます。

本人にも声をかける

　本人が席に戻ってきたら「**○○部長、○○印刷の中田様から急ぎの電話がありました**」「中田様が○○の発表に間に合わないかもしれない、と緊急のお電話がありました」などと、伝えます。

2-3 電話のかけかた1

相手の時間を奪っているということを自覚しましょう

電話に苦手意識を持っていると、電話をかけるだけでも緊張してしまいます。しかし、こちらから電話をかける場合は、あらかじめ準備しておくことができます。備えあれば憂いなし。事前の準備が万端なら、恐れることはありません。

● 電話をかける前に準備しておくこと3

❶ **かける時間帯を考える**

始業時間直後や終業直前などの忙しい時間帯や、昼休みなどの相手が外出している確率の高い時間帯は避けます。また飲食店にかける場合は、ランチやディナータイムは忙しいのでひかえます。

❷ **かける目的を整理する**

話の目的がわからないと、相手は困惑してしまいます。どんな目的で、何を相手に伝えたいかを整理し、明確にしておきます。伝えたい内容を事前にメモしておくと、伝え漏れの心配がありません。

❸ **電話でよい内容か、確かめる**

電話では、意図が完璧に伝わらなかったり、聞き間違えたりすることもあります。複雑な内容や大切な案件は電話で済ませず、オンラインや対面で直接話しましょう。

NG
・小さな声で話す
・相手の名前や会社名を間違える
・早口で話す
・声に覇気がない
・ながら電話をする

● 電話をかける手順

❶ 名乗ってあいさつをする

「○○株式会社の天野と申します。いつもお世話になっております」と、先に名乗ってから、あいさつをします。

❷ 相手を呼び出す

「恐れ入りますが、営業部の伊藤様をお願いできますでしょうか」と、呼び出したい相手の名前を伝え、とりついでもらいます。直通電話ではなく、代表電話番号にかけた場合は、部署名も忘れずにつけ加える配慮を。

❸ 相手が出たら都合を聞く

「○○会社の天野です。いつもお世話になっております。ただ今、お時間よろしいでしょうか」と、電話をする時間があるかどうかを確認します。

POINT
用件の数と所要時間を告げる
「2点ほどご相談したいことがありまして、10分ほどお時間よろしいでしょうか」と用件の数と所要時間を最初に伝えると、相手は対応可能かどうかの判断ができるので親切です。

❹ 本題に入る

「ありがとうございます。先日、打ち合わせをした○○の件で……」と、最初に何の件での話か伝えます。できるだけ簡潔に話すように意識します。

❺ あいさつをして切る

用件の要点を復唱し、「それでは**失礼いたします**」とあいさつし、かけた側から切ります。相手が目上なら、先方が切るのを待ちます。

POINT
電話を切る際は、指でそっとフックを押して「ガチャン」という音が出ないようにします。

ニガチャ！

<Q>
電話が思いのほか長引いて、次の予定が迫ってきたらどうする？

<A>
「たいへん申し訳ありませんが、次の予定がありまして……」と切る理由を伝え、「いつでしたらまたお電話可能でしょうか？」と、再び電話をする旨を伝えます。

2-4 電話のかけかた 2

相手の状況が見えないからこそ、想像力を働かせましょう

　電話をかける前は、相手に時間を割いてもらう立場になるので丁寧さを意識します。急用の場合をのぞいて、携帯番号ではなくまず会社に電話をかけます。相手が不在の場合は、まず戻り時刻を確認します。その時間を聞いてから、用件の重要度に応じて、以下のように対応を変えます。

● 相手が不在の場合は緊急度に応じて対処する

低

用件を伝言する(緊急度：低)

「恐れ入りますが、伝言をお願いしてもよろしいでしょうか」。伝言で済む内容であれば、とりついでくれた人に伝言を頼みます。あとのトラブルを避けるため、伝言をお願いした人の名前も尋ねます。

あとでかけ直す(緊急度：低)

「のちほどあらためてお電話いたします」。緊急の用件ではなく、相手が戻ってからでも問題がなければ、その時間にこちらからまたかけ直します。

折り返し電話をもらう(緊急度：中)

「お手数ですが、○○様がお戻りになりましたら折り返しお電話いただけますでしょうか」。何度かけても相手が不在のときや、できるだけ早く連絡が欲しいときは、相手が戻りしだい電話をしてもらうよう、こちらの電話番号を伝えます。

> **POINT** <お願いごとの電話の場合>
> **かけた相手がかけ直すのがマナー**
> 「戻りしだい、こちらから折り返し電話させましょうか」と提案されても「お手数ですので、こちらからお電話させていただきます」と断り、かけ直すのがマナーです。

緊急度

対応できる人を探す(緊急度：高)

「○○の件なのですが、ほかにおわかりになる方はいらっしゃいますか?」。すぐに確認がとれないと困るときは、ほかにその内容がわかる人を探します。その際は対応してくれた人の名前を聞き、後日、本来の担当者にその旨を伝えます。

本人に連絡をとってもらう(緊急度：高)

「申し訳ありませんが、緊急の用件でしてご連絡をとることはできますか」。ほかにわかる人がいない場合は、担当者に連絡をとってもらいます。携帯電話や個人電話の番号は個人情報にあたるため、連絡は相手の会社の人にしてもらい、相手から折り返し電話をするようお願いします。

高

● 状況によって対応を変えましょう

初めての相手に電話

　「私、○○株式会社の鈴木と申します。突然のお電話で失礼いたします」。初めて電話をかける相手には、名乗ったあとに、突然連絡したことについて言及します。

相手が忙しそう

　「かけ直しますので、よろしければご都合のよい時間を教えていただけますでしょうか」。電話に出た相手が忙しかったり、騒音がしたりする場合は、時間をあらためましょう。都合のよい時間帯を教えてもらい、かけ直します。

担当者がわからない

　「○○の件で伺いたいのですが、ご担当者様はいらっしゃいますでしょうか」。会社名と名前を名乗ったうえで、何について尋ねたいのかを最初にしっかり伝え、担当者につないでもらいます。

番号をかけ間違えた

　「申し訳ございません、かけ間違えました」。最近の電話は、相手の電話にこちらの番号が表示されます。一方的に切ると、クレームにつながることも。丁寧に謝ったうえで、電話を切ります。

留守番電話につながったら

❶ 手短かに自己紹介
「○○様のお電話でしょうか」「○○様宛てにお電話させていただいております」と、念のため相手の確認をしてから、会社名と名前を名乗ります。留守電でも相手が聞きとりやすいよう、ハキハキと話します。

❷ 用件の概要を伝える
「○○の件でご相談したいことがあり、ご連絡しました」と簡潔にわかりやすく話します。用件を伝えず「また電話します」というメッセージだけでは、何の用件か相手に気をもませてしまうので気をつけましょう。

❸ 対処法を告げる
原則こちらからかけ直しますが、急ぎの場合は「たいへん申し訳ありませんが、至急お電話いただけますでしょうか」と自分の電話番号も告げます。電話番号を2回くり返して言うと相手はメモがとりやすくなります。

電話でよく使う敬語

ふだん使っている言葉を敬語に替えましょう

望ましくない言いかた	敬語を用いた望ましい言いかた
ちょっと待っててください	少々お待ちいただけますか?／少々お待ち願えますでしょうか?
はい、わかりました。	はい、かしこまりました／はい、承知いたしました
ちょっと、聞きづらいのですが。	申し訳ございません。こちらの都合で誠に恐れ入りますがもう一度、おっしゃっていただいてもよろしいでしょうか
あなたの名前は何ですか	失礼ですが、お名前を伺ってもよろしいでしょうか?
どんな用事ですか	失礼ですが、どのようなご用件でお電話をいただいておりますでしょうか
えっ、何ですか?	失礼ですが、どのようなご用件でいらっしゃいますでしょうか／恐れ入りますが、もう一度おっしゃっていただけますでしょうか
よければ、代わりに用事を聞きましょうか	差しつかえなければ、代わりにご用件を伺いますが、いかがいたしましょうか
本当にごめんなさい	誠に申し訳ありません
私には、わかりません。すぐ調べます	私では、わかりかねます。すぐにお調べいたします
私にはわからないので、わかる人にかわります。	申し訳ございません、私ではわかりかねますので、担当の者におつなぎいたします。少々お待ちいただけますでしょうか

望ましくない言いかた	敬語を用いた望ましい言いかた
そのことについては、担当が違うので、ちょっと待ってください	その件については、担当部署が異なりますので、担当部署へ電話をおつなぎいたします。少々お待ちいただけますでしょうか
その商品は今在庫がありません。来週の水曜日に来ます	あいにく、その商品はただ今在庫がございません。来週の水曜日にこちらに入ってまいります
斉藤は出かけています	申し訳ございません。あいにく斉藤は外出いたしております
何時に戻るか、わかりません	何時に戻るか、わかりかねます
今、呼んできますんで	ただ今、呼んでまいります
忙しいところ悪いんですけど	お忙しいところ、たいへん申し訳ございませんが
そのことは、聞いています	その件につきましては、伺っております
渡辺はほかの電話で話しています	あいにく、渡辺はほかの電話に出ております。
急いでますか	お急ぎでいらっしゃいますでしょうか
阿部は出張中です。木曜から会社に出てくる予定です。何か伝言しましょうか	あいにく、阿部は出張中でございます。木曜日からの出社予定でございます。何かご伝言があれば、承ります。いかがいたしましょうか
吉村は会議中です。私は同じ部の渡辺です。用事を聞いておくように、いわれています	申し訳ございません。吉村はただ今、会議中でございます。私は、吉村と同じ部署の渡辺と申します。ご用件を伺うよう、吉村より申しつかっております。差しつかえなければ、私がご用件を伺ってもよろしいでしょうか

2-6 クレーム電話の対応

会社の代表として対応していることを忘れずに

クレームの電話であったとしても、消費者の一人として、まっとうな意見を いってくれるお客様もいらっしゃいます。しかし、なかには悪質なクレームや 無理難題を押しつけてくる人たちもいます。どんな電話に対しても、マナーの 心で応対すれば、Win−Winの結果を生み出せます。

● クレーム電話への応対で、絶対に守るべき心がけ

対抗しない

どんなにお客様が怒っていたり、ひどい言葉を投げかけてきたりしても、あ なたはつねに感じのよい声で応対しましょう。「売り言葉に買い言葉」は、最悪 の結果をもたらします。

批判しない

お客様の言い分に筋が通らない部分があっても、そのことを批判するのは逆 効果。お客様を感情的にしてしまったら、どれだけ冷静に説明しても、話がま とまりません。

言い訳しない

「私がミスしたわけではないのに」と思ったとしても、この言葉を絶対いって はいけません。あなた個人ではなく、会社の代表として電話で対応しているか らです。また**「お客様が忘れた可能性もありますよね？」**「**常識的に考えてくだ さい」**など、相手に原因があるかのような物言いは絶対にNGです。

● クレーム電話への対応手順
① クレーム内容を詳しく聞く
　「このたびは誠に申し訳ありませんでした。詳しいお話をお聞かせいただけますでしょうか」。お詫びしたうえで、クレーム内容をしっかり聞き出します。何が問題だったか、相手が何について怒っているか、要点をまとめながら聞きましょう。

「上司と相談する」は場合によってはNG
　上司につなぐというと、責任逃れと思われることもあります。自分では対応できないときは、「担当者に代わりますので、少々お待ちいただいてよろしいでしょうか」と伝えるのもよいでしょう。

② 相手の言い分を聞く
　「別の商品が届いたということですね」。"しっかり聞いている"という姿勢を示すことが大切です。「届いた商品が壊れていたということですね」など、復唱すると相手も"伝わっている"と実感し、安心できます。

相手に「共感」を示す
　大半のお客様は迷惑をかけるためではなく、自分が受けた被害をわかってもらいたくて電話をかけています。「おっしゃる通りでございます」「お気持ち、お察しいたします」など、共感を示すことが大切です。そうすれば、相手もわかってもらえたことにうれしくなり、徐々に心を開いてくれるでしょう。

③ 対処法を提案する
　「それでは、至急商品を送り直させていただきます」。こちらからできる対処法を提案します。自分だけで判断できない場合は相手が納得しやすい方法を、上司と相談します。

できない約束をしない
　無理な約束をして、その場しのぎをしてはいけません。あとあと「やはりできない」となれば相手をさらに怒らせてしまうばかりか、会社の世間的な評価にも影響します。自己判断せず、必ず上司の指示を仰ぎましょう。

2-7 メールの送信

メールは単なる伝達手段としてだけでなく、情報の保管・共有・加工などにも使われ、今やメールなしでは業務が滞ってしまいます。近年は簡易なチャットやＳＮＳもビジネスで使う場面が増えたため、メールは手紙のようにそのマナーが求められるようになりました。

社内メールはチャットのように書いてもＯＫですが、社外に対してはマナーに添った書きかたを守ったほうがいいでしょう。

● メールを構成する４つの要素

❶ 宛先

受信者のメールアドレスを入力します。取引先のメールアドレスを、アドレス帳に登録するときには「様」をつけ加えます。

❷ 件名

件名を空欄にするのはＮＧです。「ご面談日程の件」「新商品Ａの納品日の件」など、件名だけで内容がわかるようなメールのタイトルを入れます。

❸ 本文

本文の冒頭は、初めてメールを送信する際は「会社名＋部署名＋役職名＋氏名＋敬称」を書きます。「○○商事株式会社 営業部　部長 田中明様」という具合です。次に「たいへんお世話になっております」など、簡単なあいさつ文を記入します。以降は本題を書き進めます。

❹ 署名

文末には必ず署名を入れます。 受信者が後日、連絡しやすくするためです。転送されることを想定して、メールアドレスも入れたほうが無難です。

● メールの読みやすいレイアウト例

株式会社ERH
商品企画部　飯田真由美 様

飯田様、いつもたいへんお世話になっております。
ウイズ 商品開発部の小黒です。

新商品発表会につきまして、
次回の打ち合わせの日程が決まりましたので、お知らせ申し上げます。

■日時：２０２３年１１月１５日(水)１３：００〜
■場所：弊社６階 小会議室

資料などはこちらでご用意いたします。

お忙しいところ恐縮ですが、
ご出席くださいますようお願い申し上げます。

それでは、当日はお気をつけてお越しくださいませ。
お目にかかれますことを楽しみにいたしております。

****
ウイズ株式会社 商品開発部 小黒淳子
〒○○○−○○○○　東京都港区南青山○−○−○
TEL：０３−１２３４−５６７８
FAX：０３−１２３４−５６７９
e-mail：ogumama@withltd.com

※１行の文字数の目安は、30文字ぐらいまでです。メールでは行頭は空けません。左ぞろえで書くのが基本です。
※「拝啓」「敬具」などの頭語や結語は不要です。

メールの返信

返信は〝なるべく早く〟を心がけましょう

　メールは受信したまま、返信をしないのは失礼にあたります。受信したらできるだけ早く返信をしましょう。すぐ返信できない場合は、連絡してくれたことへの感謝と「のちほどあらためてご連絡申し上げます」の一文を添えて、とりいそぎメールを受信したことだけでも伝えるのがマナーです。

● 件名の「Re：」の扱い方には注意を

　返信メールの場合は自動的に、件名の頭に「Re:」のマークがつきます。返信が続いて「Re:」が多くなりすぎると見にくいので、これらは毎回整理をして「Re:」は一つだけにしておきます。同じ人に対して別件で連絡する場合は「Re:」は削除し、新たな件名を書きます。

返信時の件名は内容に合わせて、できるだけ書き直すほうが丁寧です。ただし、どのメールに対しての返信かを明らかにするためにも、相手が書いた件名は削除せずに自分の件名を書き加えるとわかりやすくなります。

> Re: 広報誌原稿の件【KP_鈴木恵】＊再校の赤字を拝受いたしました。

● 引用は効率よく

　「引用」とは返信する際に、元のメールの一部分をそのままコピーし、返事の一部として利用する機能です。メールソフトの設定にもよりますが、受信したメールの「返信」をクリックすると、自動的に受信済みの文章に「＞」「＞＞」などの引用マークがつけられます。引用は相手の文章を適切に利用することで、元のメールにどのような内容が書かれていたかを、その都度、参照しなくて済むうえ、相手の文章のポイントごとに返事を書くのにも適しています。ただし全文を引用すると、全体が長くなり、読みにくいメールになってしまうので、必要な箇所のみ引用するのが効率的です。引用部分や返事がどうしても長くなってしまう場合は、いくつかに分散させるのも一法。元の文章の内容は変えないのがルールです。

● 返信メールで引用を使用した、読みやすいレイアウト例

差出人：ウイズ_阿部真人<mabe@withltd.com>
宛　先：株式会社11FAB　荒井裕様<yara@○○○○.co.jp>
CC：ウイズ_小黒淳子<ogumama@withltd.com>
件名：Re：打ち合わせの日程変更の件／かしこまりました
添付：map.jpg

株式会社11FAB
CS推進部 荒井裕 様

荒井様、いつも大変お世話になっております。
ウイズの阿部です。

＞以下の通り、打ち合わせの日時と場所が変更になりました。
＞■日時：4月30日(木)13：00〜15：00

上記の件、かしこまりました。

＞■場所：弊社横浜支店　5階会議室
（詳細は添付地図にてご確認ください）

こちらもかしこまりました。
添付地図のお心遣い、ありがとうございます。

＞日程が厳しいようでしたらご一報いただければと存じます。

当日はあいにく課長の吉村が海外出張のため、
部長の小黒と私、阿部の2名で伺います。

どうぞよろしくお願い申し上げます。
とりいそぎ、ご返信まで。

****
ウイズ株式会社 商品開発部 阿部真人
〒○○○−○○○○　東京都港区南青山○−○−○
TEL：03−1234−5678
FAX：03−1234−5679
e-mail：mabe@withltd.com

※CCは関係者で情報共有するために用いる。受信者全員にメールアドレスが公開
※BCCは受信者たちにメールアドレスが公開されない。TO,CC,BCCの使い分けをつねに心がけること。

2-9 社内文書の基礎知識

社内文書は簡潔にまとめましょう

社内文書は、社内の業務をスムーズに進めるための文書です。同じ組織の人に伝わるよう、簡潔で的確な文章を心がけましょう。敬語はひかえめにし、儀礼的な表現は必要最小限にとどめましょう。

● 読みやすいレイアウト例

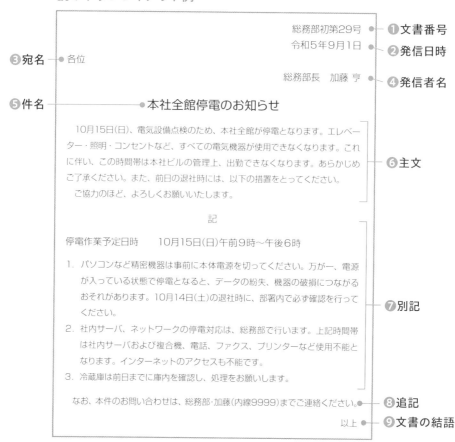

❸宛名　各位

❶文書番号　総務部初第29号
❷発信日時　令和5年9月1日

❹発信者名　総務部長　加藤 亨

❺件名　**本社全館停電のお知らせ**

❻主文
10月15日(日)、電気設備点検のため、本社全館が停電となります。エレベーター・照明・コンセントなど、すべての電気機器が使用できなくなります。これに伴い、この時間帯は本社ビルの管理上、出勤できなくなります。あらかじめご了承ください。また、前日の退社時には、以下の措置をとってください。
ご協力のほど、よろしくお願いいたします。

記

停電作業予定日時　　10月15日(日)午前9時～午後6時

❼別記
1. パソコンなど精密機器は事前に本体電源を切ってください。万が一、電源が入っている状態で停電となると、データの紛失、機器の破損につながるおそれがあります。10月14日(土)の退社時に、部署内で必ず確認を行ってください。
2. 社内サーバ、ネットワークの停電対応は、総務部で行います。上記時間帯は社内サーバおよび複合機、電話、ファクス、プリンターなど使用不能となります。インターネットのアクセスも不能です。
3. 冷蔵庫は前日までに庫内を確認し、処理をお願いします。

❽追記　なお、本件のお問い合わせは、総務部・加藤(内線9999)までご連絡ください。

❾文書の結語　以上

● 社内文書の各構成要素

❶**文書番号**‥‥‥‥ 社外文書と同様に、文書を管理するための番号を入れる場合
　　　　　　　　があります。番号は統一したルールで管理します。

❷**発信日時**‥‥‥‥ 実際に文書を提出する日、発信する日付を記します。社外へ
　　　　　　　　の文書と同様に、元号、もしくは西暦で表します。

❸**宛名**‥‥‥‥‥‥ 社員各位、部員各位など、受取人をここに記します。

❹**発信者名**‥‥‥‥ 所属と氏名を記します。場合によっては、内線番号を記しま
　　　　　　　　すが、具体的な問い合わせ先がある場合は部署名のみでもか
　　　　　　　　まいません。

❺**件名**‥‥‥‥‥‥ この文書の内容がひと目でわかるように、具体的な件名を記
　　　　　　　　します。

❻**主文**‥‥‥‥‥‥ 具体的な要件を、わかりやすい文章でまとめます。この主文で
　　　　　　　　要点を伝えますが、伝わる内容がシンプルな場合には、❼別記、
　　　　　　　　❽追記がなく、主文で終わることもあります。

❼**別記**‥‥‥‥‥‥ 主文の要点を整理したり、箇条書きで伝えられること、さら
　　　　　　　　には担当者名を別途記します。中央に「記」と書いてから要点
　　　　　　　　を書き出します。

❽**追記**‥‥‥‥‥‥ つけ加えて伝える内容がある場合「なお」などの言葉に続けて、
　　　　　　　　文章を記入します。

❾**文書の結語**‥‥ 内容に続きがないことを表すために「以上」と記します。

● 社内文書を作成するうえで気をつけること

敬語は必要最低限の丁寧語にとどめる

　社内文書は上司や社長に宛てる文章であっても「です」「ます」の丁寧語のみを
使うのが基本です。社外の方へ伝えるような、尊敬語や謙譲語は必要ありません。

前文・末文は必要ありません

　件名のあとにすぐに要件を書きます。形式的な「前文」「末文」は原則的に必要
ありません。重要な点は別記に簡条書きするなど、読む人にすぐ伝わるように
心がけます。

2-10　社外（業務）文書の基礎知識

社外文書はだれでもわかるように

　社外（業務）文書は、社外の方へ正確な情報を伝え、相手に行動を起こしてもらうための重要な文書です。顧客や取引先をつねに意識した、マナーのある文書を作成しましょう。書類や荷物を送ったことを伝える「通知状」など、社外の相手とやりとりするための文書が社外文書です。自社を代表して社外へ発信する文書でもあるので、相手が気持ちよく受けとってくれる文書の作成を心がけましょう。

情報を正確に相手に伝える

　日時、会場（場所）、金額、発注数など、自社で決定した内容を相手に伝えることが社外文書の目的となります。数値を含め、内容に間違いがあると、仕事がスムーズに進まなくなるため、正しく伝わるように作成しましょう。

相手に何をしてもらいたいかを明記する

　ビジネスのやりとりのなかで、先方に何か行動を起こしてもらう必要があるときにも「依頼状」「申込状」「照会状」などで伝えます。依頼の内容を正確に伝え、相手にどのようにしてもらいたいか明記します。

相手への敬意、マナーを忘れずに

　取引先やお客様などとやりとりする文書には、相手への敬意とマナーが求められます。こちらからの文書を受けとって、相手が気持ちよく動いてくれなければ、その後の仕事が円滑に進みません。正しい敬語を使って、フォーマットに則ったわかりやすい文書の書き方を心得ましょう。

● 社外（業務）文書の読みやすいレイアウト例

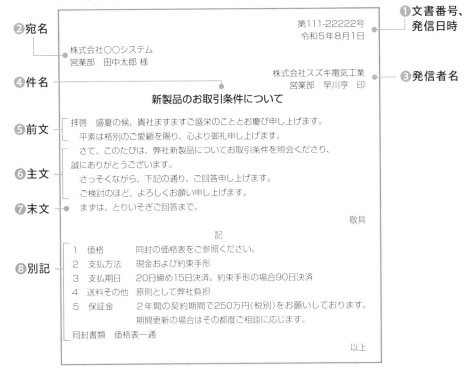

❶文書番号、
　発信日時
　第111-22222号
　令和5年8月1日

❷宛名
株式会社○○システム
営業部　田中太郎 様

❸発信者名
株式会社スズキ電気工業
営業部　早川亨 印

❹件名
新製品のお取引条件について

❺前文
拝啓　盛夏の候、貴社ますますご盛栄のこととお慶び申し上げます。
　平素は格別のご愛顧を賜り、心より御礼申し上げます。

❻主文
　さて、このたびは、弊社新製品についてお取引条件を照会くださり、
誠にありがとうございます。
　さっそくながら、下記の通り、ご回答申し上げます。
　ご検討のほど、よろしくお願い申し上げます。

❼末文
　まずは、とりいそぎご回答まで。

敬具

記

❽別記
1　価格　　　　同封の価格表をご参照ください。
2　支払方法　　現金および約束手形
3　支払期日　　20日締め15日決済。約束手形の場合90日決済
4　送料その他　原則として弊社負担
5　保証金　　　2年間の契約期間で250万円（税別）をお願いしております。
　　　　　　　　期間更新の場合はその都度ご相談に応じます。
同封書類　価格表一通

以上

● 社内文書の各構成要素

❶文書番号、発信日時
文書を効率的に管理するための番号を入れます。文書番号の下に発信日を記入します。

❷宛名
文書の受取人の会社名、部署名、役職、氏名、敬称の順に記します。（株）○○などと会社名は省略しません。

❸発信者名
文書の発信会社名、部署名、役職、氏名の順に入れます。必要に応じて、郵便番号・所在地・電話番号・ファクス番号を加えたり、押印する場合もあります。

❹件名
この文書の内容がひと目でわかるように、具体的な件名を記します。

❺前文
「拝啓」「拝復」など頭語から書き出します。次に時候のあいさつ、先方の繁栄を祝う慶賀の言葉を入れて日ごろの感謝の気持ちを示します。

❻主文
前文の文末を改行して「さて」「ところで」などの言葉を最初に入れ、文書の本題（用件）を記します。

❼末文
主文の文末を改行して「まずは」「とりいそぎ」などの言葉を末文の最初に入れ「お知らせまで」「ご案内まで」「お願いまで申し上げます」といったあいさつで文を終えます。

❽別記
主文の要点を整理したり、箇条書きで伝えられる内容、さらには担当者名などを別途明記します。中央に「記」と書いてから要点を書き出します。最後に右寄せで「以上」と書いて、締めくくります。

ビジネスでも大事な「表情」について
考えましょう②

　よい表情(笑顔)は、特定非営利活動法人日本成人病予防協会によると、次の3つの効果もあると言われています。

❶ ナチュラルキラー細胞が活性化し免疫力が高まる
❷ ストレスを軽減する
❷ 脳が活性化する

　あなたがビジネスやプライベートで人と接するとき、心からの真の笑顔と、うわっ面のとりつくろった偽の笑顔とでは、どちらが信頼できる人と感じるでしょうか。
　令和の新時代は真の時代です。表情ひとつからも安心して信頼できる本物の人として、真の人間関係を築き幸せになってください。本物の笑顔から幸せも生まれます。

● 気をつけたい3大表情
❶ 注意をされてふくれっつらをする
❷ 相手に関心を示さない無表情
❷ 真剣になりすぎて怖い表情

　身近にいる人から、上記のような表情をされたらいかがですか。
　私たちはもちろん、自身を大切にすることは大事なことです。しかし、自分以外のだれかと一緒に生活をする、仕事をする、その場を共有する場面において、自分以外の相手の気持ちになってどのような表情をするのか、言動をするのかを考えられる人はどんな人からもすてきな大人だと思ってもらえることでしょう。

第3章

名刺交換、チャット、スマホなど令和で新しくなったビジネスマナー

3-1 名刺交換

名刺交換は「同時交換」が主流に

名刺交換には「同時交換」と「一方ずつ交換」の2パターンがあります。ビジネスでは「同時交換」が主流です。

あいだにテーブルがある場合はテーブル越しに行わず、相手の正面に移動します。相手が複数の場合は、役職の高い人から順に交換していきます。上司や先輩に同行しているときは、上司と先輩が交換したあとに行います。

● 同時交換

❶ 名前を名乗る

相手より早いタイミングで名刺入れから名刺をとり出し、訪問した側から先に会社名と名字を名乗ります。

胸の高さ

脇はしめる

❷ 名刺を差し出す

自分の名刺を相手に読める向きにし、できれば右手で名刺を差し出しながら、相手の名刺入れの上に置きます。自分の名刺が相手の名刺より上の位置にならないよう気をつけます。

鈴木 一郎

村田 正

右手で名刺を差し出し、相手の名刺入れの上に置く

❸ 名刺を受けとる

自分の名刺入れの上で相手の名刺を受けとります。

❹ 両手で名刺を持ち直す

自分の名刺を渡し終えたら、両手で相手の名刺を持ち「ちょうだいいたします」といいます。

両手で持ち胸の位置より下げない

❺ 名刺を見る

相手の名刺を見て、部署名と氏名を確認します。写真入りや凝ったデザインなら「すてきな名刺ですね」などと、ひと言感想を伝えてもOK。

● 一方ずつ交換

❶ 名刺を差し出す

名刺入れから名刺をとり出し、訪問した側（もしくは依頼側）から先に会社名と名字を名乗ります。名刺を相手が読める向きにして、両手で相手に差し出します。

❷ 名刺を渡す

相手が名刺をしっかり受けとったら、名刺から両手を離します。

❸ 相手の名刺を受けとる

相手が差し出してきた名刺を「ちょうだいいたします」といって、両手で受けとります。

❹ 名刺を見る

相手の名刺を見て、部署名と氏名を確認します。名前や住所の読みかたがわからない場合は**「恐れ入りますが、何とお読みすればいいのでしょうか」**と尋ねます。

※受けとった名刺は名刺入れにしまわず、机の上に置きます。相手側が2人以上の場合は、顔と名前を一致させるために、相手が座っている並び順と同じ順で名刺を置きます。

3-2 オンライン会議1

ネットやバッテリーなど環境を整えることからスタート

オンライン会議と聞くと、何か特別な印象を受けるかもしれませんが、オンラインもオフラインも基本は同じです。会議は、おたがいによいコミュニケーションをとり、ビジネスを発展させ、お客様に有益な情報やサービスを提供してあなたやあなたの会社もプラスを得るためにあります。そのための場所と手段が異なるだけなのです。ですから、緊張する必要はありません。

● オンライン会議を行うための準備

❶ インターネット環境を整える

無線より有線でつないでいるほうが途切れることなく安心です。

❷ 新しいバージョンのパソコンとマイク付きイヤホンをそろえる

新しいバージョンだとスムーズな映像として配信されます。また、マイク付きのイヤホンなども準備しておくと環境に応じて役立ちます。

❸ 十分なバッテリーがあるか確認する

バッテリー切れで突然、オンラインが中断なんてことにならないように、パソコンなどは十分なバッテリーを確保しておきましょう。オンライン中は有線で電源をつないでおくと安心です。

❹ 飲食物は近くに置かない

飲みものや食べものをうっかりこぼして、パソコンやスマホなどを故障させないように注意しましょう。

❺ カメラと目線の位置

カメラは目の高さより3㎝程度、高い位置になるようにセッティングしましょう。カメラの位置が目線より下になると、あごから映るので鼻の穴が映りそれを不快に感じる人もいます。

● オンラインマナー基本5原則

❶ 表情

画面には上半身しか映らないので、対面時以上に表情を意識し「感じのいい人」「話しやすい人」「実際に会いたい」と思ってもらえるように表現しましょう。

❷ 態度

オフラインでは相手の動きが細かく見えて気持ちが伝わりやすいのですが、オンラインでは細かな表情の動きまで見えません。オーバーだと思われるくらいに身振り手振りをすることで、あなたの伝えたいことや、相手への敬意、関心などが伝わります。姿勢を正し、傾聴のうなずきも大きめにしたり、素晴らしい意見だと思えば拍手したり、表現をしてみましょう。

❸ 話し方

1)不動ではなく、ジェスチャーをつけながら話してみましょう。

2)聞きとりやすいように口をしっかりと動かすことを意識してみましょう。

3)オフラインのときよりも、気持ちゆっくり目に話すと聞きとりやすくなります。

❹ 服装

会社の規定を守っていない服装やシワや汚れが目立ち清潔感に欠ける服装は避けます。派手な原色や柄、肌の露出が多い服装もNGです。

❺ 背景

会議の場としてふさわしい背景を意識します。会社の会議室などからのオンライン会議の場合は、背景に社内のスケジュールなどが掲載されているホワイトボードなどが映り込まないように気をつけます。自宅からの場合は、私生活がわかるようなものが映り込まないように。背景はシンプルな壁が理想です。

3-3 オンライン会議2

オンライン会議後の議事録を書けるようにしましょう

オンライン会議は、録画できるので便利です。しかし、オンライン会議での内容を文字でまとめて、確認・共有することも大事です。お客様や取引先とのオンライン会議の場合は、齟齬(そご)がないように、オンライン会議の内容をまとめて、メールすると安心です。社内会議の場合は、オフラインでの会議同様に、議事録を作成する企業や部署も多いものです。いざというときのために、議事録の作成もマスターしておくといいでしょう。

● 議事録作成ポイント

① 5W 3Hを書く。

Who(誰が)　What(何を)　When(いつまでに)　Why(なぜ)　Where(どこで)
How(どのように)　How much(いくら)　How many(いくつ)

② 話し言葉を文章語に書き換える。

(例)「次回の会議は、5月30日、月曜日の13時から1時間くらいですね」
→「次回の会議は、5月30日(月) 13:00 〜 14:00くらい」

③ 不要な部分は書かない。

(例)「○○さんからもらった出張のおみやげ、おいしかったですよね」などの雑談は議事録には書かない。

オンライン3大NG
1　あいさつをしないで、いきなり話し始める
2　人が話している最中に話し出す
3　周囲の人の声やテレビなどの音が入る

● 会議議事録（ひな型）

会議名：新商品営業会議　議事録

日時：○月○日(月)　14:00 ～ 15:00
場所：Zoom
出席者：○○さん・○○さん・○○さん・○○さん　議事録作成：○○
欠席者：○○さん(出張のため)
議題：新商品の営業方針について

決定事項
・新商品は(○○○○)で販売とする。

議論内容
・営業開始日(○○さん)
・広告宣伝方法(○○さん)
・販売目標数 (○○さん)

懸案事項
・広告宣伝内容を○月○日までに作成し、メールにて○○さん宛てに提出
・次回会議　○月○日(月) 13:00-14:00

Q オンラインミーティングの モニター表示位置に席次 はあるの？	Q オンラインミーティング中 はどうしていたらいいの？
A 現在使われているオンラインミーティングのアプリは、入室した順で表示位置が決まるものが多いため、表示位置は気にしないでよいでしょう。	A オンラインで入室してみると気まずい雰囲気が流れているときがあります。そんなときはミュートを解除し「お疲れさまです」とあいさつをしましょう。お辞儀をするときは実際に対面しているときのように頭を下げすぎないのがポイントです。

ビジネスチャット 1

気軽に使えるビジネスチャットを使う企業が急増しています

　ビジネスチャットとは、仕事における業務としての利用を目的として開発されたコミュニケーションツールのことです。社内や社外の人と文字によってリアルタイムのチャット形式でやりとりができます。対面やメールより、気軽に会話できたり、テーマごとにグループを作成できるメリットなどから導入する企業が増えています。

● ビジネスチャットのメリット

❶ 複数のメンバーと同時にコミュニケーションがとれる

　部署やプロジェクトチームなど、複数のメンバーと同時にコミュニケーションが可能です。送信したメッセージやファイルは、メンバーへリアルタイムで共有されます。一度の投稿で全メンバーへと連絡も行えるので、伝達漏れを防ぐ効果もあります。

❷ テレワークやサテライトオフィス間のコミュニケーションに役立つ

　テレワークなどでメンバーが社内にいなくても、チャットであれば会話に近い感覚でミーティングや情報共有ができるので、多様化した働きかたへ柔軟に対応できます。

❸ 情報共有の効率化

　文書での頭語や結語、時候のあいさつや、メールでの「お世話になっております。〇〇会社の〇〇です」などのあいさつは不要。会話をするような投稿でOKとされます。従って、文章の作成にかかる時間を削減できます。

❹ セキュリティの強化

　一般的に使用されているSNSやチャットツールと比較した場合、セキュリティが強化されていて安心です。アカウントの乗っとりや情報漏洩の危険性が軽減されます。ビジネスチャットは、データの暗号化など、高度なセキュリティによって情報を運用できます。

● ビジネスチャットの基本マナー

❶ ビジネス言葉を使用する

　会話をするように気軽なやり取りができるチャットですが、ビジネス会話であることを忘れないようにしましょう。チャットも記録として文字で残ります。仕事を行ううえでの敬語や言い回し、言葉遣いに配慮しましょう。また、形式的なあいさつは基本不要ですが「ありがとうございます」「失礼しました」などのお礼やお詫びのひと言があるとコミュニケーションとしてスムーズです。

❷ メッセージは業務時間中に行う

　ビジネスチャットも、可能な限り早めの返信を心がけます。しかし、業務時間外に送信されたメッセージに対しては早めの返信を行うことが難しくなります。業務時間外に送信したメッセージの返信は、翌日の業務時間内に届くと思っておきましょう。

❸ だれ宛ての発信なのかを明確に

　グループチャットでは、全員宛てか、だれ宛てなのかを、メッセージの冒頭に記します。チャット機能で「TO」があればそれを活用します。だれに宛てたメッセージなのかを明記すれば、その対象者は即座にそのメッセージを読み、返信できます。その対象でないメンバーはそのメッセージに時間を割くことが不要になります。

❹ リアクションを返す

　返信はメッセージで行いますが、絵文字のリアクションで完結する内容であればそれを行いましょう。「読みました」という何かしらのリアクションがあると相手は安心します。

❺ ビジネスチャットの使い分け

　内容に応じて、ビジネスチャットでの連絡がいいのか、電話やメールのほうがいいのか、など状況に応じて使い分けましょう。

ビジネスチャット2

お客様とのチャットは丁寧な言葉遣いで

多くのコミュニケーションツールがあると、それをいつ、どのように使いこなせばいいのか、悩むこともあるでしょう。自社の先輩や上司にならい、コミュニケーション手段の使い分けに慣れて、それぞれ使いこなしましょう。メールは、文字などのエビデンスを残すことができるので、いったいわないのトラブル時に役立ちます。一方、ビジネスチャットは気軽にコミュニケーションがとれます。複数の人たちと同時に情報共有でき時間と労力の効率化に優位です。

● お客様とのビジネスチャットの書き方

ビジネスチャットは、主に社内の連絡用に使用しますが、場合によっては、お客様と使用する場合もあります。お客様や取引先とビジネスチャットを使用する際には、次の点を丁寧に配慮すると安心です。

❶ あいさつを書く

頭語や結語、時候のあいさつは不要ですが「おはようございます」「ありがとうございます」など、ひと言あいさつを書いているほうが安心です。

❷ 敬語で書く

口語調ではなく、メールを書くときと同様の言葉遣いで書きましょう。

❸ 宛名の書き方

「@abe様」など、名前の部分を「@」で書くことに違和感を持つ方もいらっしゃいます。自社として、お客様とのチャットのやりとり時の宛名の書き方をどうするのか、上司や先輩に確認しておくと安心です。チャットだからといって「阿部様」などと名前を書いてはいけないという決まりはありません。お客様には敬称を書いていると安心ですが、絶対に書かなければいけないという決まりではありません。自社や自分がどのようにするか、その方向性を決めることが大切です。

❹ 送信する時間

基本的に、お客様の活動時間に合わせて連絡をとり合うとよいですね。最初に「**ご連絡をする時間帯は何時から何時までがご都合よろしいでしょうか**」などと確認をしていると安心です。

ビジネスチャットで避けるべきこと

直前のキャンセルや遅刻などの連絡、謝罪

直前でのキャンセルをビジネスチャットのみで済ませようとするのは避けましょう。仲のよい友人ならそれでもよいですが、相手が仕事の関係者であればビジネスチャットからの連絡だけでなく、電話や直接会ってきちんと理由を説明して謝罪すると安心です。

スタンプでの謝罪

ビジネスの場でこちらに非があって謝罪をする必要がある場合、スタンプのみで謝罪することはふさわしくありません。「申し訳ございません」と文字で記し、場合によっては直接相手に会って、謝罪しましょう。

休日や深夜のメッセージ

仮に土日や真夜中にメッセージを送ろうとする場合でも、ビジネスチャットではなくメールで送信し、翌朝相手に見てもらえるようにする……といった相手への配慮が必要です。

上司とのビジネスチャットの書き方

ビジネスチャットは口語調で気軽なやりとりができますが、親しき仲にも礼儀あり、を忘れずに敬意を保ったコミュニケーションをとりましょう。

● 部下とのビジネスチャットの書き方

上司が部下に対する書き方も同様です。上司であっても部下に対する感謝や社会人としての敬いの気持ちを持って接しましょう。上司が見本を示すことで、部下はそれを模倣します。部下から「〇〇さんのような人になりたい」と思ってもらえるようなコミュニケーションをとりましょう。

3-6 スマホの扱いかた

職場、会議中、道路など、スマホの扱いかたに気を配りましょう

メールやSNS、スケジュール管理、財布代わりにもなるスマホ(スマートフォン)は今やビジネスシーンに欠かせない存在です。つねに携帯しているスマホの扱いかたにもちょっとした配慮があることで、評価がアップします。

● 仕事中は最小の音量か消音にしておくことがベターです

「会議中にだれにも断りなしでスマホを使っている人がいると気になる」という声が多いようです。オフィスや会議室でスマホを使うときは周囲への気配りが必要です。

また、勤務中は個人的なスマホ使用禁止、ロッカーに置いてオフィスに持ち込み禁止の会社も多いことでしょう。もし、上司や先輩にスマホ利用を注意されたら、反抗せずにバッグやロッカーなどにしまいましょう。

オフィス

会社から支給されているスマホであれば、仕事関係者とのやりとりにも使用するでしょう。デスクの上に置いておき、緊急の連絡などに即対応できるようにしておきます。ただし、着信音は周囲の人のために消音か最小の音量にしておく配慮は必要です。

社内会議中

着信音は周囲の人のために消音に。緊急の連絡待ちのときは、その旨、議長や隣の席の人にあらかじめ伝えておき、デスクの上に置いておくことや会議の途中で席を外す可能性があることを理解してもらっていると安心です。

あらかじめ議長に伝えておく

社外の人と商談、会議中

社外の人との商談や会議中には、基本的には、スマホはしまっておくほうが無難です。とくに社外の人や同席している上司、先輩がスマホを目に見える場所に置いていないときに、あなただけそれを出すことは避けてください。

ほかの人がテーブルの上に出しているときには、あなたも出していてもよいかもしれませんが、それを見ることで「ほかの仕事に気が入っているのではないか」「個人的な連絡をしているのでないか」など、あらぬ疑念を持たれる可能性は否めません。要らぬリスクを冒さず安全な態度で会議に参加しましょう。

接客中

お客様との接客中は、スマホ操作は基本しないようにします。ただし、業務上、スマホが必要な場合は、その限りではありません。お客様への対応を最優先で、それに関係する場合に使用します。

歩行中

歩きながらスマホを見るのは事故などの危険が伴います。どうしても使用しなければならないときには、安全な場所に移動して、そこに立ち止まって操作するか、座る場所があれば座って使用するようにしましょう。

運転中

自動車を運転しながらスマホや携帯電話、カーナビなどの画像を注視することは、道路交通法で禁止されています。物損や人身事故などの事故を起こさないように「ながらスマホ」は絶対に行わないようにしてください。自転車も同様です。

3-7 SNSのマナー

ビジネスでも使うSNSは情報漏洩に気をつけます

　SNSは、各種ブログをはじめ、mixi、Twitter、Facebook、LINE、Instagram、Snapchat、TikTokなど、時代とともに新たなサービスが生まれています。

　すべてのSNSにおいて、会社がビジネスで使用することも、個人がプライベートで使用することもあります。ビジネスマナーとしては、会社の一員であることを自覚したうえで、SNSの使用上の注意が必要となります。

● SNS使用時に基本的に注意するポイント

❶ 他人の文章やイラストを無断使用しない

　他人が書いた文章やイラストには「著作権」があるため、無断で使うことはできません。どうしても使いたい場合は、承諾を得てから使用しましょう。

❷ 他人の写真を無断で使用しない

　だれにでも「肖像権」があります。とくに「顔」は個人情報がつまっているため、最大限の注意を払いたいところです。自分と一緒に撮った写真にほかの人が映っている場合も、SNSに勝手に掲載するのはNG。掲載したいときは、必ず本人に許可をもらいます。

　ただし、現時点では「〇〇さんだ」と特定されない後ろ姿には肖像権はないとされています。※世界に一つしかないデザインのバッグを持っているなどは特定される範囲にあたる。

❸ 個人情報は書かない

　公開の限定や非公開設定をしなければ、ブログやFacebookなどは世界中の人に公開されます。

　Twitterなどでは、住所・電話番号・メールアドレスなどをつぶやかないよう注意。また「〇〇社の〇〇さん」などの固有名詞をつぶやくときには、事前に

許可を得たり確認をします。名指しで人を批判することも避けましょう。

悪意のある人に、個人情報などを悪用される可能性があるので注意しましょう。また、友達を含む他人の個人情報も同様です。どんなに仲のいい友達であっても油断禁物です。うっかり書いてしまったことで、相手に迷惑をかけたり、せっかくの友情が壊れるようなことがないようにしましょう。

❹ 秘密は書かない

人の秘密などをブログやFacebookなどに書くことで、その情報は世界中の人々が知る可能性があります。

自分がされて嫌なことは、しないようにしましょう。また、よかれと思って書いたことを相手が家族や友人に内緒にしていることもあり、それが知られてしまい関係が崩れたケースもあます。

❺ 社内情報の漏洩に注意

「今日は○○があった」など、何気なく書いた職場での内容が、社内情報の漏洩にあたることもあります。

ブログやFacebookによる機密事項の漏洩が原因で、解雇されたり、損害賠償請求をされるなどのケースが現実に起きています。

● Twitterでとくに気をつけること

批判めいたつぶやきは控える

批判的なつぶやきばかりでは読み手の感情がマイナスになったり、攻撃的になったりする可能性があります。またリツイートされると、それが元で炎上する可能性もあります。あわてて炎上の原因となったつぶやきを削除してもリツイートされたつぶやきは自分で削除することができません。言論の自由はありますが、マナーとしては第三者の批判をつぶやくのはひかえたほうがよいでしょう。

3-8 SNS炎上を防ぐマナー

炎上の対応については、個人で判断しないこと

ネット上にクレームを書き込まれた場合、その内容や立場によって対応はさまざまです。まずは、上司に報告をし、その後の判断や対応を委ねましょう。

お客様からクレームを受けたとき、窓口になった担当者は決して心地よいものではありません。しかし一方で、その内容が自社にとって有益となる情報となる場合もあります。事実であれば、会社や担当者が気づいていなかったことをお客様が知らせてくださったということになります。ですから、クレームすなわちマイナスと、とらえることはありません。

とはいえ、なかには、悪質なクレームもあります。会社としてはその見極めが大事になります。個人では判断せず、会社が決めた対応方法に従うのがよいでしょう。

● どんな人がSNSを読むのか想像力を働かせましょう

SNSでは、一方的に書き込むこととなるため、相手がそれに対する言い分を伝えることに躊躇することが多くなります。クレームを伝えたい場合は、万人が目にできる場所ではなく、その会社や担当者に直接伝えて、改善してもらうなど、クレームを伝える側にもその伝え方などのマナーが必要です。

また、仕事上でSNSを使って発信するときは、さまざまな状況の人が読んでいるのだと、想像力を働かせましょう。以前、ある人気商品がフリマサイトで高額転売されていることを、お客様がTwitterで「転売できないような仕組みを考えられないのだろうか」と書き込んだところ、その人気商品の担当者が「そのフリマサイトで(高額で)買ってください」とTwitterで返事をして、炎上したことがありました。書き込む前に、人気商品が欲しい人の気持ちを想像することができたら「これは欲しがっている人を怒らせるだけだ」と、気づくことができたかもしれません。

● 他人をネタにした炎上目的の投稿はしない

　わざと炎上させて、自分の記事に注目を集めようとする投稿もあります。**第三者をネタにして、私利私欲のために自分に注目を集める行為はマナーとして感心できません。場合によっては、法的な事件に発展する可能性もあります。**そのようなことは、双方にとってプラスを生み出すとは言い難いでしょう。マナーはおたがいがプラスに、ハッピーになるために存在するものです。いい意味での「バズる」投稿で、読んだ人や、あなたやあなたの会社がプラスになるといいですね。

● プライベートのＳＮＳでも炎上させてしまう場合がある

　「仮名で書いてるTwitterだから、万が一、炎上しても会社にバレないだろう‥‥」と思いがちですね。

　しかし、ある企業の商品開発担当者が、自身のプライベートのＳＮＳで、競合会社のＳＮＳに「〇〇商品をマネしている！」とケンカを売るような書きこみをしたところ、だれが書きこみをしたのかつきとめられてしまい、結局、上司と謝罪に行ってなんとか許してもらったという事例があります。

　プライベートのＳＮＳでもトラブルに巻き込まれると、社会的信頼が失墜してしまいますので、炎上を起こさないように気を配りましょう。

COLUMN④

SNSで炎上してしまったら……

　どのような内容や経緯で炎上したかによって、そのときどきで対処法は異なります。会社に関わることで炎上した場合は、まずは上司に相談をし、会社としての対応に従い、まかせましょう。

　じつは私自身、過去に3回ほど炎上したことがあります。どれも私が直接の配信元ではありませんでしたが、炎上の内容は私に対する誹謗中傷でした。会ったことのない知らない人たちから勝手なことを書かれて、傷つかなかったといえば嘘になります。それが気になり、仕事が手につかなくなったり、それ以上に、弊社のスタッフや講師たち、また友人や家族にまで嫌な思いをさせたり、迷惑をかけてしまったと申し訳なく思う気持ちでいっぱいになりました。

　もちろん、これがきっかけで、仕事の依頼がなくなり、会社が倒産するかも……と不安にも陥りました。

　3回の炎上時は、それぞれに、パターンが異なりました。そこで私が経験したことから、炎上時の対処法をお伝えします。

　最初の炎上は、配信元の大手企業から、記事を削除したほうがいいのではないか、といわれました。しかし、そのときの私は、その記事の内容に間違いはありませんし、なぜ削除しなければいけないのか、と思い、そのままにしました。一方で、私の考えに疑問を感じる方々が多数いらっしゃることがわかったので、その方々にご納得いただけるよう、その後は、読者の皆様に誤解されないような言いかた、書きかたを心がけるようにしています。

　続いての炎上は、1回目の炎上より大きな炎上だったこともあり、私はその配信元にその記事の削除を依頼しました。しかし、その配信元の大手企業は、削除はしないほうがいい、とのことでした。理由は、削除をすると私がいっている内容が間違っていると認めることになるから、という理由からでした。このときは、配信元が私の気持ちに寄り添って支えてくださったこと、そして弊社のスタッフや講師、友人や家族たちからの励ましもあり、その炎上を乗りこえることができました。記事を削除しなかったその企業の判断は、正しかったと思います。

3回目の炎上は、大炎上でした。それも私にはまったく身に覚えのない内容でした。私が本に書いてもいない内容が、勝手に作り話としてTwitterで書かれたことが原因となり、それをある著名人がリツイートしたことで大炎上に発展したという経緯です。このときは、弊社に電話がかかってきたり、弊社のYouTubeにもひどい書き込みがありました。それこそ、周囲からは訴えたほうがいいとアドバイスされましたが、このときも、それに対して何も触れずに、ふだんと変わらずブログなどに普通の記事をアップしました。そうしていると、このツイートがガセネタだったということがYahoo！ニュースのトピックスで報道され、結果、テレビの報道番組などから出演依頼があったほどです。

　面識のない方ではありますが、炎上記事がガセネタだということをつきつめて、それを公開してくださった、あるメディアの記者の方に感謝しましたし、対象となった書籍の版元の社長、担当者などのみなさまや弊社スタッフ、家族にも感謝の気持ちでいっぱいになりました。

　私は、炎上をしてもなんとか乗りこえることができましたが、このような経験はあなたにはしてほしくありません。炎上から人生に終止符を打つ人も現実にいるわけです。このような悲劇が起きないよう、一般の方がネットに書き込むときも、また配信およびテレビなどメディア側が発信するときも、おたがいに十分に気をつけ、ほほえみあえる社会にしていきたいものですね。

　今や、ＳＮＳもビジネスになくてはならない存在となっています。そのＳＮＳ上では、おたがいがプラスとなる情報を、それぞれがマナーを守って配信することで、経済もプラスに回っていくことでしょう。ビジネスは、相手の立場に立つマナーありきで成功します。マナーはマネーも生み出す土台なのです。

COLUMN⑤

個人宅を訪れる際の基本マナーを
知っておきましょう

　お客様のご自宅に訪問する際、身につけているコートやマフラー、手袋はどうしていますか？　これにもマナーがあり、日本ではチャイムを鳴らす前にコートを脱ぎ、マフラーや手袋はバックの中にしまっておくのが基本です。

　コートは、脱いだあと、サッとチリやホコリを落としてから裏返してたたみ、腕にかけます。そうすることで相手の家に汚れを持ち込まないようにするのです。

　じつは、このマナーは日本文化ならではのものです。和室文化の日本では、畳を汚すことを嫌います。ですから、畳を汚さないように事前にホコリを落とすことを習慣としているのです。逆に欧米では、家の中に入ることを許可されるまではコートや手袋を外さないのがマナーです。そして、部屋の中に入ってから脱ぐのが基本です。欧米は、靴を脱ぐ文化がなく、コートかけも室内にあります。ですから、コートかけの前でコートを脱ぐのです。

　また帽子をかぶっている場合は、女性であれば脱がなくてもよいですが、男性はチャイムを鳴らす前に脱帽するのがマナー。女性の帽子はアクセサリーとみなされます。ただし、日本ではビジネスのシーンでは、女性も脱帽するほうが無難です。

　郷に入れば郷に従う。海外ではその国のマナーの型を知っていると品がよく、格式が高いイメージを持ってもらうことができます。

第4章

新時代にふさわしい転職活動や自営業者のマナー

4-1 経験者の転職活動時のマナー

　さまざまな理由から転職活動をすることもあるでしょう。このときもまず大切なことは、マインド、気持ちです。転職先での注意点、転職活動中の服装については次の通りです。

● 転職活動時の心得

❶ 今までの会社への感謝

　いかなる理由があろうとも、お世話になった会社や人に感謝の心がなければ、どこに転職をしても同じことがくり返され、向上することは難しいでしょう。過去に感謝する気持ちを持ってこそ、新天地での幸運に恵まれます。

❷ 今までのスキルを新会社で活かす

　転職先の会社の立場に立ってみましょう。社会経験のある人に期待することは、それまでに身につけたスキルなどを活かしてもらうことにあります。社会人1年目の人であれば、ビジネスのゼロからを教える必要がありますが、転職者はある程度のビジネスマナーを含め、教えなくても身についていると思って採用します。その期待に応えるあなたであることが大切です。

❸ 新会社の方針や規則に従う

　転職者を受け入れている企業に転職者に対するお悩みを伺うと「今までは、こうしていました」と過去のやり方から離れることができず、新会社のやり方に従おうとしないことです。

　もちろん、過去のやり方のほうが効率的であるなど、新会社にとってプラスの情報もあるでしょう。そういうときには、まずは新会社の意向や方針、規則を実行します。そのうえで問題を感じたり、もっとよい方法があると思うとき

には、まず「僭越ながら伺ってもよろしいでしょうか」と丁重に伺いを立てます。了承を得たら「〇〇のやり方はわかりましたが、△△のようにすると時間短縮になるかと思いますが、やり方を変えてもよろしいでしょうか」というふうに、伺う姿勢でコミュニケーションをとるとスムーズです。

　提案をすることは決して悪いことではありませんが「今までは、こうだった」と過去の会社の話を出すのは避けるほうが賢明です。あなたに悪気はなくても、いわれる側はよい気持ちになれない場合が多いようです。あなたの過去の会社でのやり方などは、今、その会社には関係のないことです。

● 面接時の服装（男女）

　新卒のようなリクルートスーツを着用する必要はありませんが、スーツで伺うと仕事や会社に対する誠意を感じると評価される場合もあります。スーツがなければ、ジャケットを羽織るだけでもきちんと感を与えることができます。「日常着で面接にお越しください」と指示がある場合でも、カジュアルなジャケットを用意しておいたほうが無難でしょう。

　バッグはＡ４の書類が入るカバンを用意できれば安心です。スーツであれば革製のカバンがマッチします。スーツ以外の場合でも可能な限りビジネスらしい雰囲気のものが無難です。破れる可能性のある紙袋は持って行かないように気をつけます。

　靴は表面や靴底、中に汚れがないよう、きれいに磨いた靴を履きます。

　女性がスーツを着用する場合、靴は３〜５cmのプレーンなパンプスを。それ以外の場合は、服装や業種、職種にマッチした靴で面接に臨みましょう。ブーツやミュールは避けましょう。素足はＮＧです。女性であればナチュラルな色のストッキングが無難です。業種や職種に応じて靴下でもＯＫな場合もありますが、奇抜な柄や原色は避け、清潔感のある白い靴下が安心です。

　男性の場合は、くるぶしまでの短い靴下は避けましょう。イスに座ったときに、足首から上の素肌が見える可能性があります。面接では一般的に素肌は見せないのがマナーです。悪気はなくとも、素肌を見て不快に感じる人もいます。

4-2 自営業者が会社員と仕事するときに守るべきマナー

自分軸にとらわれてしまうと仕事はスムーズに進みません

　自分の好きなことや、やりたいことを仕事にするフリーランスや個人事業主もふえています。自由に仕事をしたいから独立して仕事をしているわけですから、服装や話しかた、また、仕事を行う時間帯なども自由にしたいと思っている人が多いようです。

　そんなフリーランスや個人事業主の方が企業の会社員と仕事を行うときに、自分軸で対応を行うとビジネスはスムーズに進んでいきません。最終的にはおたがいの利益を得ることは難しく、残念な結果になりかねません。

● 企業の言いなりになることと相手に合わせることとの違い

　マナーとは「相手の立場に立つこと」であり、それは「相手に合わせること」もマナーの一つとしてあります。それは企業の言いなりになるということではなく、社会人としてビジネスを行う〝人〟として、最低限、共通に認識しておきたいマナーがあります。それには、ビジネスマナーの基本の考えかたを理解し、それに添った対応を身につけ、実行することが大切です。

　フリーランスや、個人事業主として自営なさっている人も、次にあげるビジネスマナーをしっかりと習得しておきましょう。ビジネスマナーは、おたがいの収益を生み出すためにあります。

ビジネス心得12ヶ条

❶ 自分から感じのよいあいさつをする　（→P.32参照）

❷ 姿勢を正し、イスに背をもたれたり、腕や足を組みながら商談をしない

❸ その場の状況に応じた話しやすい表情を心がける

④ 商談の場に合った身だしなみをする

⑤ 学生言葉やアルバイト言葉でなれなれしすぎる言葉遣いはしない

⑥ 感謝と敬意の気持ちを忘れない

⑦ 連絡などは企業の就業時間に合わせる

⑧ 一般企業でやりとりをする仕事でのメールの書き方を習得、実践する

⑨ 一般企業で行っている電話応対を習得、実践する

⑩ 自分軸を押しつけ、相手の希望を受け入れないような態度はとらない

⑪ 気分で電話やメールなどの対応を怠るようなことはしない

⑫ 企業名や担当者名などを出して、知り得た情報を周囲に吹聴しない

4-3 通勤中のマナー

4-3

通勤中も仕事中であるという意識を持ちましょう

　会社から交通費を支給されていたり、交通費も含まれたうえでの報酬を仕事の対価として受けとっている場合、通勤中も仕事中であるという意識を持つ必要があります。また、交通費に関係なくとも、通勤中も、極端にいえば、プライベートのショッピング中や合コンなどでも、いつ、どこで、だれに見られているかわからない、ということを心得ておきましょう。

● **同業者や上司が乗っている可能性を念頭に**

　通勤中、周りは知らない人だけと思い込んで、気を抜いてしまう人がいます。しかし、通勤中もいつ、だれが自分を見ているかわからないことを知っておきましょう。「業界内の人しかわからない隠語を使って話しているから大丈夫」と思い込み、電車内で大事な話をしている人たちを見かけますが、意外と他業界の人でも隠語を知っているものです。危機管理の意識をもって情報漏洩にはくれぐれも気を配りましょう。

● **通勤中のマナー**

❶ **身だしなみを整えておく**

　（仕事関係者に遠くから見られていることもあります）

❷ **感じのよい表情を心がけている**

　（ひどく疲れた表情を見られると、あらぬ噂を立てられる可能性もあります）

❸ **ながらスマホやながら携帯はNG**

　（事故につながる恐れあり）

④ 大声で電話をしない

(周囲への配慮と情報漏洩のリスク回避のため)

⑤ 大声で会話をしない

(周囲への配慮と情報漏洩のリスク回避のため)

⑥ 会社や取引先、お客様の悪口や愚痴をいわない

(情報漏洩のリスク回避のため)

⑦ 電車など車中で、スマホやパソコンの画面を見られないように

(メールやチャット内容も情報漏洩につながります)

⑧ イヤホンをつけていても大音量にしない

(電車の音などでつい音量を大きくしがちですが、隣の人に漏れていて不快感を与えていることがあります)

⑨ お酒を飲まない

(出勤途中の電車や歩道で歩きながら缶チューハイや缶ビールを飲んでいる人をまれに見かけますが、こぼすなど、他人に迷惑をかけたり、事故につながるおそれがあります)

⑩ 化粧をしない

(電車やバスなどの車内や停留所で待っているときなどに、化粧はしないようにしましょう。ファンデーションやアイシャドーの粉が飛び散り、近くの人の服にかかっている場合があります。その人が万一、自分の勤める会社のお客様だったら……と考えましょう)

愚痴をいいたくなったとき、聞いたときのマナー

愚痴はいうときも聞くときもリスクがあるので気をつけましょう

● 悪口や愚痴をいいたくなったときの対処法とは

社員同士の愚痴がふえているのは、その会社の生産性が下がっている証拠といわれています。しかし、悪気はなくても、つい愚痴や悪口をいいたくなる、聞いてもらいたいときはあるかもしれませんね。しかし、他人に矛先を向ける愚痴や悪口はいわないようにしましょう。それはあなた自身に何らかの形で返ってくることがあるかもしれないからです。自分がされて嫌なことは人にはしない。自分がいわれて嫌な言葉は人にはいわない、と心得ておくとよいでしょう。これもマナーです。

ただ、ときには愚痴をいいたくなるときもありますね。そういうときは、あなたの仕事や仕事でのつき合いに関係のない、心から信頼できる親友や家族には聞いてもらうとあなたの気持ちも救われることでしょう。このときも、会社や他人を名指しするのでなく「こういう状況だからどうしたものか……」と相談するスタンスで伝えると愚痴にはなりません。

すべてにおいて100点満点の完璧な人はいないと思います。だからこそ私たちは100点を目指して、日々精進し、自分自身を成長させるための毎日であり、仕事もその一環です。気に障ることや問題意識を持つことは悪いことではありません。それをあなたにとってプラスに変えるチャンス到来と、とらえる気持ちも大切です。

● 同僚の悪口や愚痴を聞いてしまったときの対応

同僚の悪口や愚痴を聞いてしまったら、どのように対応すればいいか困る人がほとんどです。だからこそ、前項のようにこれらはいわないほうがいいのです。相手を困らせることをいってもあなたにとってプラスになることは何もありません。

とはいえ、悪口や愚痴を聞いてしまったら、どうすればいいのでしょうか。次の3つのケースを見てみましょう。

❶ 偶然聞いてしまった！

あなたに直接話をされたわけではなく、たとえば、化粧室で話をしているのを偶然その場に居合わせて聞いてしまった場合。この場合は、会話に入ることなく、すみやかにその場を立ち去りましょう。

❷ 複数名との会話のなかで話題になった！

複数名での会話のなかで話題になったときには、特段発言することなく、聞くのみに徹するのが無難です。

❸ 個別に聞いてしまった！

個人的に話をされてしまったのですから、相手はあなたを信頼していることでしょう。とはいえ、もし、あなたがそれに同調したら「○○さんがいっていた」など話をすり替えられてそれが広まる可能性もゼロとはいえません。相手は同調してもらいたいという気持ちで愚痴や誰かの悪口をあなたに伝えるかもしれませんが、あなたも自分を守る必要があります。

ただし、相手の話を聞くことはよいでしょう。しかし、それに対してジャッジするようなコメントは避けたほうが無難です。**「聞いてあげることしかできなくてごめんね」**という気持ちを伝える程度にすると安心です。

いずれにせよ、悪口や愚痴のない環境をおたがいさまのマナーで作り上げていけたらいいですね。

おたがいに感謝しつつ、協力し合い、気持ちよく仕事をしたいものです。そのためにもマナーは必須。悪口、愚痴ゼロ職場を目指しましょう。

COLUMN⑥

お願いごとは疑問形にすると相手が行動に移しやすくなります

　仕事を快く引き受けてもらうには、頼みごとをする際のコツを知っておく必要があります。渋々引き受けられてもモチベーションが下がります。効率よく仕事をするため、頼みごとをするときは気くばりが欠かせません。

　「資料作成を手伝ってください」よりも、「資料作成を手伝っていただけませんか」と質問・伺い形で言われると、引き受けるかどうかを判断する余地があると感じます。さらには「手伝っていただけますとありがたいのですが、お時間いかがでしょうか」と手伝ってもらえたらうれしい、ありがたいという気持ちを伝え、最後に「いかがでしょうか」と伺い形で伝えることで、相手は「手伝ってあげよう」と行動に移しやすくなります。

　「ありがたい」という言葉をひと言添えるだけで、自分が手伝うことで相手に喜んでもらえるということが伝わり、相手をその気にさせるのです。お願いごとを実行する・しないを決めるのは、あくまでも相手。相手が後輩でも、頼みごとのときは謙虚な姿勢で臨みましょう。

● 相手の様子をよく見てから依頼するのがポイントです

　お願いごとをするタイミングも大事です。相手が重要なプレゼンをひかえている場合や、終始忙しそうなときなどは避けましょう。スケジュールを共有しているなら、必ず確認したうえで頼みごとする気配りを忘れないでください。

　また、相手が検討するために必要な依頼の目的・期限・理由といった情報を伝えます。「○○さんだからお願いしたい」など、相手の自尊心に訴える内容を具体的に伝えれば、協力をしてくれる可能性が上がります。

第 **5** 章

来客対応と訪問のマナー

来客応対のマナー

最初の応対で、訪問客による会社の印象が決まります

　会社にはさまざまなお客様が訪問してきます。用件も面会相手も多種多様。顔なじみのお客様もいらっしゃれば、初めての方もいらっしゃいます。

　とくに初めて来訪されたお客様は、勝手がわからず不安でいっぱいかもしれません。それだけに、最初に応対した社員の対応しだいで、会社全体のイメージが決められてしまう可能性もあります。あなたもお客様の立場に立って、気分よく過ごしていただく方法を考えましょう。

● 来客対応の基本的な流れ

❶ **明るく迎える**

　「**いらっしゃいませ**」と、お客様の姿が見えたらすみやかに立ち上がり、出迎えます。アポイントのあるお客様の場合は「**○○様、お待ちしておりました**」とあいさつすると丁寧です。

❷ **行き先を告げてご案内する**

　「**それでは、応接室までご案内いたします**」。あいさつが済んだら、お客様を案内します。必ず案内する場所を告げてから移動します。

● 自分の来客ではないときの対応のしかた

▶ **仕事を中断して明るく迎える**

　「**いらっしゃいませ。私でよろしければ、ご用件を伺いますが、いかがでしょうか**」。だれかが対応するだろう……などと、お客様を無視するのはたいへん失礼です。すみやかに仕事を中断して、お客様のもとへ歩み寄り、声をかけます。

▶担当者不在のときは先に案内を

アポイントメントがあるにも関わらず、担当者が席を外しているときは、お客様をすみやかに応接室などにご案内します。**「お待たせしてたいへん申し訳ございません。こちらでお待ちいただければと存じます」**と、担当者が席を外していることは告げずに対応します。アポイントメントがなかった場合にはお客様に用件を尋ねて「申し訳ございません。こちらでお待ちいただけますでしょうか」とその場でお待ちいただきます。ソファやイスなどがあれば「お座りになってお待ちください」と伝えます。

● お客様を案内する場合

▶廊下

歩調はお客様に合わせること。お客様の歩くスピードに合わせながら歩きます。ときどき、お客様を振り返り、歩調が合っているか確認しましょう。お客様は廊下の中央を、案内する側はその右斜め2〜3歩前を歩き、誘導、ご案内します。進むときや曲がり角のときなどは「こちらへどうぞ」といいながら、お客様から遠い側の手の指先をそろえて方向を指し示します。

● 上るときも下りるときも前を

ビジネスシーンでは先導する人がいないと場所がわからず、お客様は戸惑ってしまうため、案内人が先を歩くのがマナーです。女性の場合は、階段で男性に後ろからついてこられることに抵抗を感じる人もいるのでとくに注意をしてください。

訪問のマナー

訪問する前に「有益な情報」と「有益な提案」の用意を

訪問して会っていただくということは、相手側の貴重な時間を割いていただくということ。その重みをしっかりと自覚して、アポイントをとる段階から、節度ある振る舞いを心がけましょう。あなたが訪問で得るメリットだけでなく、相手が得るメリットにまで目を向けることが大切です。「有益な情報」と「有益な提案」を準備しておくことで、訪問先の期待にも応えられます。

● 訪問前に予約をとりましょう

他社を訪問する際は、事前に「アポイント（予約）」をとります。電話の場合は担当者を呼び出してもらい、あなたの会社名と所属部署、あなたの名前をはっきりと伝えます。そのうえで次のように、相手の都合を伺います。**「今、お話しするお時間をいただいてもよろしいでしょうか？」**相手の了承を得たら、「訪問の目的」「訪問の日時と場所」「所要時間」などを手短に伝えます。

● 面談の流れを知っておきましょう

訪問相手が入室したら、面談がスタートします。入室後は、すすめられた席にて担当者が来るのを待ちます。このとき、出入り口付近で立ったまま待つ場合もありますが、席をすすめられたのに、立ったまま待つのはかえって失礼だと思われる場合もあります。

初めて訪問する場合は、担当者が来たらすぐに名刺交換ができるように、名刺の準備は必須です。

● 出されたお茶は飲んでも大丈夫？

訪問先で出されたお茶を飲んでいいのか、判断に迷う人も多いようです。

基本的な考え方は、「担当者からすすめられたらいただく」と覚えておきま

しょう。また、担当者が飲んだら「いただきます」といって飲んでもいいでしょう。ただし、上司が同行している場合は、上司が飲む前に飲むのはひかえます。

● 訪問相手と面談するときのポイント
●会議室や応接室での待ち方

会議室や応接室に案内されたら、案内人にすすめられた席に座ります。通常、訪問した側は上座に案内されますので、上座をすすめられたら遠慮せずに座ってOKです。とくに指定がないときは、下座に座ります。

●面談の流れ

ノックの音が聞こえたら、すぐに立ち上がり、イスの横に出ます。名刺交換はテーブル越しではなく、相手に近づいて行います。 面談の時間をとってくださったことに対する感謝の気持ちを伝え、予定の時間内で用件が終わるようペース配分を考えて、効率よく話を進めましょう。

メモをとりながら面談を進めていくと、要点をまとめやすく、あとから質問もしやすくなります。相手がパソコンなどのキーボードを打ちながらメモをとる場合は、あなたも同様にしてもかまいませんが、あなただけがそうする場合は「パソコンでメモをとらせていただきます」とお断りのひと言を伝えるだけで要らぬ誤解を招かず安心です。

●面談が終わってから

建物を出るまでは気を抜かず、立ち居振る舞いに気を配りましょう。だれに見られているかわかりません。エレベーター内での私語も慎むこと。すれ違った方には、面識がなくても会釈をします。最後に受付や警備員の方にあいさつをしてから、外に出ます。コートや手袋は、建物を出てから着用します。

COLUMN⑦

依頼された仕事を断るときは代案を出して
きっぱり断りましょう

　仕事上の依頼を、断らなければならない状況に置かれることもあります。そのときの対応で、相手との関係性に影響が出たり、社会人としての資質が問われたり……。断ることはなかなかいいにくいものですが、遠慮してあいまいな態度をとるより、はっきり返事をするほうが相手のためになります。

　断るのは申し訳ないと感じ、返事を先に延ばすほど、相手に迷惑がかかります。ギリギリになって断られたときの状況を相手の身になって考えれば、いかに困るか理解できるでしょう。早い段階で断るほうが相手にとってはプラスになるのです。

　とくに相手が取引先やお客様なら、返事はできるだけ早く、保身になるような弁解はせずに相手を思えばこそ断らざるを得ないという状況を伝えましょう。断る際の気くばりも大切です。

　また「たいへん申し訳ございませんが、ご希望に添いかねます」などと断るだけではなく、**「明日の〇時でしたら対応できますが、いかがでしょうか」**と代案を提示するとよいですね。相手の依頼をシャットアウトすると、関係が悪化する可能性もありますが、お詫びしたあとに別の案を出すことで自分のことを思ってくれている気持ちが伝わり、断られた印象が弱まります。

● 社内のお願いごとを忙しいからできない、と断るのはなるべくひかえて

　職場で頼みごとをされてできないときには「忙しいので無理です」などと断らず**「申し訳ありません。今、抱えている仕事が多く、すぐにとりかかることができないため、かえってご迷惑をおかけしてはいけないので」**とソフトに伝えましょう。

第6章

葬式と結婚式、会食のマナー

6-1 葬式のマナー1

社会人には、葬儀の知識が不可欠です

　社会人になると、仕事関係の「通夜や告別式」に参列することがあります。訃報は突然届きます。社会人として、恥ずかしくない立ち居振る舞いができるよう、正しい知識を身につけておきましょう。さらに、上司から受付や案内係を任される可能性もあるため、事前に服装などを準備しておくと安心です。

● ほとんどの場合、電話でのお悔やみはNG

　故人とよほど親しい間柄でなければ、電話でのお悔やみは避けます。相手は通夜や告別式の準備に追われている最中だからです。仕事上でつき合いのあった人の場合は、通夜か告別式に参列します。それが難しいときは弔電を打ったり、後日訪問したりします。

● 訃報を受けとったあとの流れ

❶ 故人との関係によって対応を決める

・故人が親族

　上司に相談し、忌引休暇の手続きなどをします。会社の了承を得たら、速やかに駆けつけます。

・故人が友人・知人

　とくに親しい友人の場合は、できるだけ早く駆けつけます。それ以外の場合でも、通夜か告別式のどちらかは参列して、最後のお別れをします。

・故人が仕事関係者

　通夜、告別式の日時、場所を確認したうえで、上司に報告し、それ以降は会社の指示に従います。

❷ 香典を用意する

　不祝儀袋を用意します。仕事関係者の場合は金額を上司に相談します（118ページ参照）。

114

❸ **服装や持ちものを用意する**

116ページを参考に、社会人らしい服装や持ちものなど、身支度を整えます。

❹ **通夜、葬儀・告別式に参列する**

120ページを参考に、弔事の基本マナーを守りながら、お別れをします。

● 弔問できないとき

弔電を送る

　出張などやむをえない事情で参列できない場合は、弔電を送るなどしてお悔やみを伝えます。宛名は喪主にし、通夜開始の約3時間前、遅くても1時間前には届くように手配します。

後日訪問する

　親しい相手であった場合は、遺族に確認をとってから自宅へ行き、焼香させてもらいます。喪服でなくてかまいませんが、ダークスーツや地味なワンピースなど、弔問にふさわしい服装を心がけます。

弔電に使えない言葉

「くり返しを意味する言葉」
重ね重ね・しばしば・返す返す・たびたび

「直接的な言葉」
死去・死亡　など

「別離や不幸を意味する言葉」
切る・散る・苦しむ　など

「神式・キリスト教式ではNG」
冥福・供養・成仏　など

「キリスト教式ではNG」
悔やみ・哀悼　など

6-2 葬式のマナー2

弔問時の服装と持ちもの

かつては、不幸を予測していたことにならないよう「通夜は地味なふだんの恰好で」というのがマナーでした。しかし今は、亡くなってから通夜が行われるまで日にちがあくことも多く、喪服で参列する人がふえています。突然の連絡で喪服が用意できないときでも、ネクタイ、靴下、ストッキングは黒色のものに替えて弔意を示します。

● 男性の服装

通夜に参列する場合は喪服もしくはダークスーツ（手持ちでもっとも黒に近いもの）を着用します。葬儀・告別式に参列する場合は喪服を着ます。

コート
黒でシンプルなデザインのもの。

シャツ
白の無地。できれば光沢のないもの。

ネクタイ
黒の無地。光沢の少ないもの。

バッグ
黒で光沢のないもの。殺生を連想させる革製品は控えます。手ぶらでもかまいません。

靴・靴下
黒で統一。靴は光沢のないもの。

弔問時の持ちもの

・香典
・ふくさ
・ハンカチ（白無地か黒の無地）
・数珠（神式・キリスト教式では不要）
・マスクをするときは白または黒、グレー

● 女性の服装

　通夜の場合は、喪服か地味な色の服装を選びます。必ず黒のストッキングを
着用します。

通夜

髪形
ロングヘアはまとめます。

メイク
派手なメイクは落として、
薄化粧に。

スーツ
シンプルなデザインで地味
な色のもの。

靴・ストッキング
黒で統一

告別式

髪形
ロングヘアはまとめます。

メイク
ファンデーションと口紅は
光沢のないものを。口紅は
ベージュ系がよいでしょう。
香水はNGです。

アクセサリー
ネックレスとイヤリングは
セットでつけるのが正装。
素材はジェットやパール、
ネックレスは一連に(二連以
上は不幸が重なることを連
想させるため、避けます)。

スーツ
黒のシンプルなスーツやワ
ンピース、アンサンブルな
ど。

バッグ
黒で光沢のないもの。殺生
を連想させる革製品は控え
ます。

靴・ストッキング
装飾のない黒のパンプス。
ストッキングは黒。寒い日
は黒タイツでもOK。

避けたいもの

・肌の露出がある服　・派手なネイル
・殺生を連想させるヒョウ柄など
・ファー付きのもの　・黒以外のアウター

正式なもの

・バッグと靴は黒で共布のもの
・イヤリングやネックレスはセットのもの
　をつける

117

6-3　葬式のマナー3

香典の基本を知っておきましょう

　香典とは、供花や線香などお供えものの代わりに供えるお金のことで、突然の出費を助け合う意味合いもあります。不祝儀袋に入れる金額は故人とのおつき合いの程度によって変わります。故人が仕事関係者の場合、会社として渡す場合もあるので、上司に相談します。新札を包むとあらかじめ不幸を予測していたように思われるため、使用されたお札を使います。新札しかない場合は、折り目をつけてから入れます。

● 金額の目安

友人・同僚・上司への香典	5000～1万円
友人・同僚・上司の家族への香典	3000～5000円
取引先関係の香典	5000～1万円

● 不祝儀袋の書き方

　お札は不祝儀袋に入れます。不祝儀袋はお札を入れる「中包」と、それを包む「上包」に分かれています。表書きや名前は、悲しみの涙で墨が薄くなったことを表すため、薄墨で書くのがマナーです。

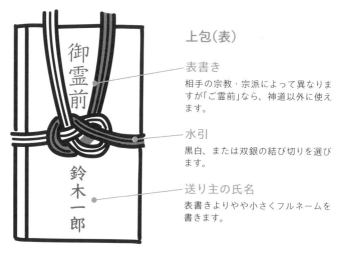

上包(表)

表書き
相手の宗教・宗派によって異なりますが「ご霊前」なら、神道以外に使えます。

水引
黒白、または双銀の結び切りを選びます。

送り主の氏名
表書きよりやや小さくフルネームを書きます。

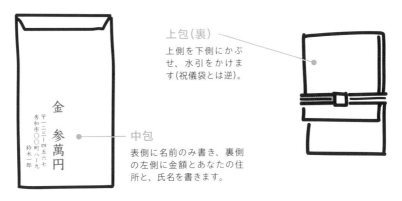

金　参萬円

〒一二三ー四五六七
秀和市〇〇町八ー九
鈴木一郎

上包(裏)
上側を下側にかぶ
せ、水引をかけま
す(祝儀袋とは逆)。

中包
表側に名前のみ書き、裏側
の左側に金額とあなたの住
所と、氏名を書きます。

● 供花を送る場合

　葬儀会場には供花を飾ります。一般的には個人で贈るなら「生花」を、会社関係で贈るなら「花輪」となります。スペースの問題で花輪を飾れない場合や、遺族が供花を辞退する場合もあるため、事前に喪家や葬儀会場に確認します。葬儀場にお願いをすれば、あらかじめ決まっているお花を案内してくれますので、それを頼めば間違いありません。

● 供花の手配

　通常は、当日担当する葬儀社に依頼しますが、自分の勤める会社でいつも使っている生花店がある場合もあるため、総務部に確認します。直接、葬儀社に依頼するときは喪主名と差出人名を伝えます。供花代はすでに決まっている場合も多いでしょう。生花店に注文する際は「通夜と葬儀の日時」「会場の住所」「喪主名」「差出人」「予算」をしっかり伝えます。生花店のほうが葬儀場の事情を知っていて提案がある場合もあるので、その都度、上司に確認をとりましょう。

● 代理人による参列

　やむを得ない事情で通夜や告別式に参列できない場合、同僚などに「代理人」をお願いします。代理人となってもらう人は、故人や遺族と面識がなくても大丈夫です。あなたが上司の代理人として出席する場合、通夜や葬式の受付で、だれの代理で来たかということを告げます。上司から名刺を預かっていたら、上司の名刺の右上に「弔」と書き、自分の名刺の右上には「代」と書き、渡します。香典を渡して記帳をするときは、出席できなかった上司の名前を大きく書くこと。あなたの名前は上司の左下、次の行に少し小さめに、「代 佐藤太郎」といった具合に書きます。

6-4 葬式のマナー4

通夜や告別式は故人との最後のお別れの場であることを重々、頭に入れておきます。遺族や参列者の気持ちを察する行動が求められます。会場では、決まりに則り、つねに失礼のない振る舞いを心がけましょう。

受付や会場で会った人たち、同行者との会話や言葉遣いに気を配るのも重要ですが、よけいな会話をすることを控えます。遺族から話しかけてきたり、表情で訴えかけてきたりしたら、お悔やみの言葉を伝えましょう。

● 通夜の流れ(仏式)

❶ 受付

一礼しながら「このたびは(まことに)ご愁傷さまです」「謹んでお悔やみ申し上げます」「心から哀悼の意を表します」などと述べます。言葉は短くてかまいません。不祝儀袋を渡し、芳名帳に住所と氏名を記帳します。

❷ 僧侶の読経・焼香

僧侶の読経を静かに聞きます。焼香は親族や近親者に続いて、座っている順に行います。

❸ 通夜振る舞い(軽食)

遺族や関係者からすすめられたら参加するのがマナー。ひとくちでいいので、はしをつけてから退席を。

※感染症対策として、折詰を渡されることがふえています。その場合は「恐れ入ります」といって両手でいただいて持ち帰ります。仕事などで持ち歩くことが難しい場合はその旨を伝え、辞退してもかまいません。「お心遣い、恐縮です」とお礼をいうのを忘れないようにしましょう。

MEMO

通夜と葬儀、両方に参列する場合
芳名帳には両日ともに記帳する必要がありますが、香典は通夜か葬儀のどちらかだけに持参すれば問題ありません。通夜で香典を渡した場合は「昨日も伺いましたので」といって、記帳のみ行います。

● 葬儀・告別式の流れ（仏式）

❶ 受付

手順は通夜（左ページ参照）と同様です。

❷ 僧侶の読経

式が始まるまで席に座って静かに過ごします。読経が始まったら静かに故人を思い、ご冥福を祈ります。

❸ 焼香

案内に従って行います。

❹ 別れの儀

喪主のあいさつが終わったら、出棺前に故人との最後の対面を行います。祭壇のまわりにある供花を参列者がそれぞれ棺に入れ、旅立ちを見送ります。

❺ 出棺見送り

出棺を参列者で見送ります。霊柩車が動きだしたら合掌し、車が見えなくなるまで見送ります。火葬場に行くのは、通常は遺族や近親者のみです。

● 焼香の手順（仏式）

❶ 遺族、僧侶、遺影にそれぞれ一礼します。

❷ 右手の親指と人さし指、中指の3本で香をひとつまみする。

❸ 目を閉じ、頭を下げて、香をつまんだ手を目の高さに掲げます（この動作をしない宗派もある）。回数は宗派によって異なるため、前の人を参考にする。

❹ 香炉に、静かに香をくべて合掌します。半歩ほど下がり、遺影に一礼。そのあと、僧侶と遺族に一礼します。

葬式のマナー 5

葬式を知ることも、社会人の証し

　訃報は突然やってくるもの。社会人になったら喪服や光沢のない黒の靴を準備しておくことをおすすめします。もっとも大切なのは、故人とご遺族に対するお悔やみの気持ちですが、気持ちがあれば何をしてもいいという訳ではありません。礼儀とは、心と型の両者が伴ってこそ。事前に知識を学んでおくことは大切です。厳粛なお悔やみの場で失礼のない社会人になりましょう。

●「清めの塩」は必ずしも行わなくてよい

　帰宅後は玄関前で、胸元、背中、足の順に塩を振りかけます（地域や宗旨などで異なります）。すぐに仕事へと向かわなければならない場合は、式場を出たら塩を足元にまき、その場で踏むようにします。「会葬礼状」の中に袋入りの塩が添えられていることもあります。近年、死を汚れととらえない傾向にあるため、お清めの塩を置かないケースも増えています。また、塩を使った清めは、宗教・宗派によっては行わない場合もあります。

● 葬儀で困ったときのトラブル対応策

Q　亡くなって時間が経ってから、訃報を受けたら？

A　あとになって訃報を受けた場合は、すぐに書留などの郵送で香典を贈りましょう。金額は葬儀・告別式に参列する場合と同じ額と考えればいいでしょう。故人が仏式の葬儀を行っている場合、時期によって不祝儀袋の表書きが変わってきます。四十九日法要を過ぎている場合は「御仏前」として、それ以前では「御霊前」「御香典」などとします（浄土真宗は四十九日前でも御仏前）。香典と一緒に、自筆の「お悔やみ状」も送ります。
　直接お悔やみに伺う場合、先方の都合もありますので、必ず事前に電話などの連絡を入れて弔問するようにしましょう。弔問当日は「供物」を持参し、お悔やみと参列できなかった理由を簡潔に伝えます。供物は、仏式では線香やロウソク、菓子、神式では果物や酒、キリスト教では生花

などがよいでしょう。

なお、仏壇への礼拝は、以下の流れで行います。

①正座をして、ご本尊に向かって一礼。

②右手で線香を取り、ロウソクの火をつける。

③線香を左手に持ち替えて、右手であおいで火を消す。

④再び線香を右手に持ち替えて、香炉に立てる。

⑤ご本尊、ご遺影を見て、合掌。

⑥最後にもう一度、ご本尊に一礼。

Q 社葬の係をまかされたけれど、どうすればいい?

A 「社葬」は故人の会社への功績や貢献を称えるために、主に会社が主催する葬儀のことです。創業者や会長が亡くなったときなどに執り行うことが多く、会社の業務という位置づけがなされている場合もあります。

社葬では、服装もスタンダードな喪服を選びます。一方「お別れ会」や「偲ぶ会」は、少し華やかになっても許されます。「平服でお越しください」と案内されたら喪服は着ません。男性であればダークな色を選びポケットチーフなどで、女性であればコサージュなどで、少し華やかさを加えても問題ありません。ただし、派手な色はひかえます。社葬を行うことになった場合、社員は次のような葬儀係をまかされる可能性もあります。

受付係

香典、記帳、会場案内を担当。弔問客のお悔やみには「本日はご多用の中ありがとうございます」と返します。香典を渡されたら「お預かりいたします」と受けとります。ただし、香典辞退の場合は「お気持ち、ありがたく存じますが、故人ご遺族の希望により辞退させていただいております」とお断りします。受付が済んだ弔問客には「あちらへどうぞ」と案内します。

案内係

駅や会場付近に立ち、会場までの道案内をしたり、車を駐車場まで先導したりする。目印として、葬儀社などが用意した喪章やリボンをつけます。

6-6 結婚式のマナー1

招待状を受けとったらなるべく早く返信を

招待状をもらったら、なるべく早く返信しましょう。相手の準備を考えると、すみやかに返事を出すのが相手への心配りです。また、返信ハガキには、お祝いのメッセージもそえると気持ちが伝わります。やむを得ず、欠席する場合は、お詫びの言葉も記しておくと、より丁寧な対応になります。

● 仕事だけの関係の人に招待されることも

社会人になると、上司や先輩、同僚など、仕事の関係の人たちの結婚披露宴に招待される機会が出てくるでしょう。また、取引先など、社外の人からも招待されることもあるかもしれません。仕事の一環として、特別な事情がない限り、出席するのがよいでしょう。とはいえ「仕事」と割り切るのではなく、やはり心から祝福する気持ちを持つことも大切です。

● 返信ハガキの書き方

表側

「行」や「宛」の文字を二重線で消し、「様」と書き直します。これは、結婚式に限らず、返信用ハガキや返信用封筒のすべてに当てはまるマナーです。

住所を書くスペースに、郵便番号の欄がなかった場合も郵便番号は書きましょう。

ネットから出欠の返信をするシステムもふえていますが、返信のしかたは社会人のマナーとして身につけておくとすてきですよ。

出席する場合	欠席する場合

「慶」という字もあるが、本来は自らの喜びを示す「喜」のほうが適切。

「御」や「御芳」などの字を二重線で消す。

出席に〇をして、「いたします」と書き加えます。「御」「御芳」「御欠席」の字を二重線で消します。余白に祝福のメッセージを書くとよいでしょう。

欠席に〇をして、「いたします」と書き加えます。「御」「御芳」「御出席」の字を二重線で消します。相手に対するお詫びの言葉と、出席できない理由を簡潔に記します。理由は「所用のため」「やむを得ない事情で……」程度で十分です。

MEMO

祝電を打ってお祝いする

　欠席の場合は電報で祝意を伝えます。また取引先の関係者で結婚式に招待されなかった場合も、上司に確認してから「祝電」を打つこともあります。

　通常は、配達の1カ月前から祝電の予約ができますので、電報サービスのWEBサイトなどから、早めに予約しておくといいでしょう。送り先は結婚式場の住所です。宛名は新婦の場合、旧姓のまま送ります。定型文を使用するのではなく、自分で考えたメッセージを送るときには「忌み言葉」を使わないように注意します。

6-7 結婚式のマナー2

身だしなみは「略礼装」が基本

　　披露宴や結婚式の招待状に「平服にてご参加ください」と書かれているときは「略礼装」で出席します。平服と書かれていなくても、親族や主賓として出席する場合を除けば、略礼装で問題ありません。基本的に、白系統の服装はタブーです。白は新郎新婦の色だからです。

● 男性の略礼装

スーツ
礼装のブラックスーツ。上着はシングルでもダブルでも可。平服指定の場合は、ダークスーツでもよい。

シャツ
白のスタンダードタイプか、ウイングカラー（立襟）。

ネクタイ
白かシルバーグレーのネクタイが基本。昼間なら少し華やかに、幅広のアスコットタイをウイングカラー（立襟）のシャツと組み合わせてもよい。

ポケットチーフ
ネクタイと同系色のものを選ぶのが基本。白かシルバーグレーのネクタイのときは、ポケットチーフもそれぞれの色に合わせるとよい。

靴
黒のヒモつき革靴が基本。つま先に切り返しのあるものが適当。クロコダイルなど爬虫類の革はNG。

● メイクやヘアスタイル

　女性のメイクは、当日着ていくドレスや会場の明るさに合わせて、普段より少し華やかにします。ただし、香水はほんのり香る程度にします。ヘアスタイルは、できれば美容院のプロにお願いするとよいでしょう。

NG

・白色の服
・殺生を連想させる爬虫類系の革の靴やベルト、バッグ
・毛皮などが施されている服装や小物
・素足
・女性は全身黒ずくめ、黒の網タイツ

● 女性の略礼装

ドレス
招待客の服装は、主役の新郎新婦より控えめに。特に「白」は花嫁の色ですので、招待客が身につけるのは避ける。また「喪」の色にならないよう、黒一色のドレスとストッキングの組み合わせは避けます。

バッグ
荷物がたくさん入った大きなバッグはクロークに預け、披露宴には小ぶりのバッグを持つ。布製のもので、ビーズ、刺繍などがあしらわれた華やかなものがおすすめ。

足元
生足にミュールやブーツは、フォーマルな場にはふさわしくない。基本はストッキングにパンプス。ヒールは3cm以上のものがおすすめ。

6-8　結婚式のマナー3

ご祝儀は必ずご祝儀袋に入れて、祝意を表現します

　お祝い金の相場は相手との関係性や会場のグレードなどによってさまざまです。一般的には以下の表が目安となります。結婚式は慶事ですから新札を使います。ご祝儀は必ずご祝儀袋に入れてお祝いの気持ちを表しましょう。

● お祝い金の相場

家族や親戚に	5万～10万円
経営者から従業員に	3万～5万円
その他	2万～3万円

　会社関係者は「その他」に含まれますから、2万～3万円が相場となります。お札の枚数の偶数は割り切れることから「縁が切れる」ことをイメージさせるため、なるべく避けます。とくに「4」は「死」を連想させるのでNGです。ご祝儀を2万円にする場合「一万円札1枚と五千円札2枚」にして、お札を3枚にする方法があります。

● ご祝儀袋とは……

　お祝い金を入れる袋をご祝儀袋といいます。ご祝儀袋は外側から、「上包み(表包み)」「中包み」に分かれています。葬儀の際に利用する「不祝儀袋」と同じような構造ですが、不祝儀袋が白黒であるのに対して、ご祝儀袋は紅白です。また、折り曲げた袋の重ねかたの上下が逆になります。

● 上包み（表）

表書き

「寿」や「祝御結婚」と濃い墨で書き、結婚に対するご祝儀であることが伝わるようにする。ただし、ほとんどの市販品にははじめから印刷されている。

水引

紅白の「一度結んだらほどけない」結び切りにする。5万円以上包む場合は、金銀などの豪華な水引を選ぶ。

贈り主の氏名

袋の中央に、黒の筆か筆ペンで、表書きよりやや小さめに氏名を記入。

● 4人以上の連名の場合（上包み 表）

表には代表者の氏名を書き、その左側に代表者よりやや小さめに「外一同」と書く。会社名や部署名を入れる場合、氏名の右横にやや小さめの字で記入。中に全員の氏名を書いた紙を入れる。
※2～3人の場合、中央に目上の人の氏名を書き、左に続けて次の人の氏名を記入。同期入社など上下関係がない場合は左右均等になるように氏名を記入。

● 上包み（裏）

中に中包みを入れ、下側を上側にかぶせて折ります。

● 中包み（表）

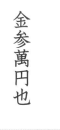

表面中央には「金〇萬円也」と、金額を漢数字で書きます。「也」は現代では書かなくてもよいです。中包みにお札を入れるときは、紙幣の顔を上にして、表面側に顔が来る向きで。

● 中包み（裏）

裏面の左下には住所と氏名を。欄がなくても、郵便番号まで書くと親切です。4名以上での連名であれば、裏面には代表者の名前を書くか、「株式会社ビギナーカンパニー 営業部有志」といった具合に会社名（部署名）を書きます。左横に行末をそろえるように、「外一同」と書くことを忘れないように。

6-9　結婚式のマナー4

流れとマナーを知り、心をこめてお祝いします

　　結婚式に初めて参列するときは、しきたりに沿って厳かに行われるだけに緊張するものでしょう。変に萎縮するよりも、人生の晴れの舞台を心から祝福する気持ちと行動が大切です。もちろん、まわりに迷惑をかけたり、だれかの悪口をいったりすることは慎み、節度を持ってふるまうことは忘れずに。

● 知っておきたい結婚式の基本的な流れ

❶ 会場入り

挙式が始まる約30分前には到着すると安心です。

❷ 挙式に参列

フラワーシャワーなど、参列者が参加する演出には笑顔で積極的に。

❸ 披露宴受付

お祝いの言葉を伝えたら、ご祝儀を渡して芳名帳に住所と氏名を書きます。待合室があればそこで待機し、新郎新婦のご両親にあいさつできるタイミングがあれば「新婦○○さんの友人の田中です。本日はまことにおめでとうございます」と伝えてもよいでしょう。

❹ 披露宴に参加

席次表に従い、指定された席に座ります。開宴までは同席者と新郎新婦の話などをしながら静かに待ます。披露宴中は基本的に静粛に過ごします。余興などの楽しむシーンでは拍手で盛り上げましょう。

❺ 退場

席札やメニューは持ち帰るのがマナー。すみやかに退席します。ナプキンはきれいにたたまずにテーブルの上に置くのが正式。気になる人は軽くたたみます。

❻ 二次会

道路が混んでいたりして遅れるといけないので、時間に余裕を持って会場に着くようにします。こちらの会費も新札を用意します。

● 結婚式のマナー Q&A

Q 披露宴に出られないけれど、ご祝儀は渡したい。どうすれば？

A 事情があって出席できないときや、披露宴に招かれていない場合、ご祝儀を郵送します。小さめのご祝儀袋を用意して、手渡しするときと同様に表書きと氏名を書き、現金書留で送ります。お祝いのメッセージや手書きの手紙も同封します。お金だけでなく、あなたの気持ちも相手に伝えることが大切です。

また、オンライン結婚式の場合は、ご祝儀もオンライン決済を受けつけている場合もあります。その際は、別途手書きのお祝いのメッセージカードなどを贈るとより気持ちが伝わるでしょう。

Q 披露宴の受付係を頼まれてしまったら、何をすればいい？

A 式の当日は、主催者の指示に従い、会場に早めに出向きます。会場に着いたら、新郎新婦の両親や親族にもあいさつをします。事前に招待客の名簿を受けとり、遅刻や早退者がいるかなども確かめておきましょう。

来場者からご祝儀袋が差し出されたら、「ありがとうございます」と両手でいただき、受盆に丁寧に置きます。その後、芳名帳への記帳をお願いします。記帳が済んだら、再度お礼を述べます。氏名を確認して、披露宴の席札をお渡しし、控え室へご案内します。

※御祝儀袋を持参していない人もいるため（事前に新郎新婦に手渡ししているなど）、その方の氏名を別の紙にメモしておくようにします。

ご祝儀を狙った盗難事件などもありますから、必ずだれかが受付に残るようにしましょう。開宴時間になったら、お祝い金と芳名帳を専用の袋に入れて、新郎新婦の親やきょうだいなど、信頼できる人に渡します。

6-10 会食のマナー

きちんとした立ち居振る舞いができれば評価がアップします

　会食のマナーでもっとも大切なことは、一緒に食事をする人、ほかのお客様たち、お店の方々と心地よく、楽しい時間を過ごすということです。そのためにも、マナーという〝相手の立場に立つ〟という本質が大事です。

お店での立ち居振る舞いが評価されれば、ほかのお客様とのご縁もできて、あなたが勤める会社やあなた自身の利益につながる可能性もあります。社会人として仕事をするうえで、この意識を忘れずに会食に臨んでください。

● 高級店での会食も恥ずかしくない！　予約・告知のマナー

　社会人になると上司に同行して、取引先と「会食」をする機会もあります。取引先を不快にさせたり、上司や自社に恥をかかせたりしないように、食事のマナーも身につけておきましょう。

　会食は「お店選び」からスタートします。あなたがお店選びをまかされたのなら、上司に目的や予算を聞いて、最適なお店を選びましょう。可能であれば、事前にお店を訪れてみます。会食が成功するかどうかは、お店選びで決まるといってもいいでしょう。

●お店を選ぶ前に調べること

・招待者、同席者の好みをリサーチする。

・参加者にアレルギーなどがないか、事前に確認。

・喫煙者がいるかどうかも確認。

・お店から招待者のご自宅までの交通経路

●予約の仕方

　最近はインターネットで予約できるお店も多いですが、電話予約のほうが細かな情報を伝えられます。その際は、お店が忙しい時間帯(ランチタイム、ディ

ナータイム)は避けて、電話をする配慮も大切です。

　予約の際は「日時」「人数」「予算」「利用目的」「メニュー内容」など、なるべく具体的にこちらの情報や希望を伝え、相談に乗ってもらいます。接待なのか、打ち合わせも兼ねた会食なのかで、お酒の量やメニューも変わってくるからです。だれかの誕生日を祝うのであれば、ケーキやメッセージプレートなどを手配してもらえるか確認もします。窓際がいいか、個室が必要かなど「席の希望」も伝えます。会食を成功させるにはお店からの協力が欠かせません。またここでお店と良好なコミュニケーションを築くことができると、お得なプランやちょっとした便宜を図ってもらえるかもしれません。

●特別な会食でのお店選び

　特別な取引先との会食であれば、事前に候補のお店で食事をしておくと安心です。料理や接客レベルはもちろん、化粧室の場所や、体の不自由なお客様への配慮なども確認できます。

　お店側が受け入れてくれるなら、予約後に打ち合わせの時間をつくってもらい、当日の流れをおおよそ決めておくといいでしょう。とくにお店を貸し切るような大規模な会食は、すべてをお店まかせにするのではなく、あなたも責任を持って事前打ち合わせなどに足を運び、確認することが大切です。

●参加者への告知

　予約ができたら参加者全員に「日時」「店名」「住所」「電話番号」「アクセス方法」「お店のURL」「予約名」などを知らせます。「予約名」とは、お店にだれの名前で予約しているか、ということです。予約名がわからないと、どこのテーブルに案内すればいいか、お店側も困ってしまいます。

　フォーマルな会食はハガキや封書で開催の告知をしますが、たいていの場合は電話とメールで充分です。電話やオンラインで大まかな情報を伝えつつ、相手の参加の意思を把握します。メールでは、参加の可否、参加者の氏名、日時や場所などの細かな情報を伝えましょう。やりとりが保存されるメールは、日時や場所の告知に適しています。

洋食のマナー1

テーブルマナーを身につけて楽しく食事を

接待など仕事における会食でも、洋食の高級レストランはよく使われます。慣れていないと、このようなお店で戸惑う場面が少なくありません。とくにナイフやフォークといった「カトラリー」は種類がたくさんあるため、予備知識ゼロでは上手に使いこなすのは難しいでしょう。社会人として最低限、周囲を不快にさせないテーブルマナーを身につけましょう。

● 洋食を美しく食べる6つのヒント

お皿は絶対に持ち上げない。

料理を切るとき、なるべく音を立てない。

料理は一口ずつ、左から切っていく。

大きな口を開けない。上品に食べる。

料理やカトラリーを落としても、自分では拾わない。

何かあったら静かに手を挙げて、お店の人を待つ。

● NG

料理の皿を交換して食べる

口にものが入ったまま話す

大声でお店の人を呼ぶ

ひじをつく

髪に触る

バッグをテーブルの上に置く

強い香りのする香水をつける

勝手に料理の写真を撮る

中座する(途中で席を立つ)

● カトラリールールを身につけましょう

基本的な並びかた

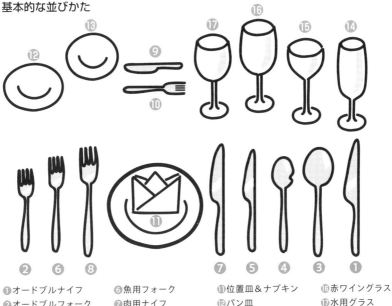

①オードブルナイフ　⑥魚用フォーク　⑪位置皿＆ナプキン　⑯赤ワイングラス
②オードブルフォーク　⑦肉用ナイフ　⑫パン皿　⑰水用グラス
③スープスプーン　⑧肉用フォーク　⑬フィンガーボウル
④ソーススプーン　⑨デザートナイフ　⑭シャンパングラス
⑤魚用ナイフ　⑩デザートフォーク　⑮白ワイングラス

● 左右ともに外側から使う

　コース料理では、あらかじめカトラリーやグラスがセットされています。料理が運ばれてきたら、外側から順に使っていきます。同席者全員に料理が運ばれて、そのテーブルの中で最上位の人がカトラリーを手にしたら、ほかの人も続いて手にします。

6-12 洋食のマナー2

フォークやナイフ、スプーンの持ち方とマナー

　フォークの基本の持ち方は、左手の親指、ひとさし指、中指で持ち、薬指と小指は軽く添えます。ひとさし指は上から押さえます。

　ナイフも基本的にはフォークと同じです。右手の親指、ひとさし指、中指で持ち上げ、薬指と小指は軽く添えます。ひとさし指は上から押さえます。ただし、魚用ナイフはひとさし指で押さえず、親指と中指ではさむように持ちます。スプーンは、中指の第1関節よりやや下の位置に、スプーンの柄の上から3分の1くらいの箇所にのせて、親指を上から軽く押さえます。そして、ひとさし指を軽く添えます。

　基本的に左手にフォーク、右手にナイフを持ちます。ナイフとフォークを使って食べる料理は、左はしから一口大に切って食べます。

●途中で離席するとき

　お皿に、ナイフは刃を内側にし、フォークは背を上側にして「ハ」の字の形に置きます（フランス式）。

※「イギリス式」はナイフの上にフォークをクロスさせます。

●食べ終わったとき

　お皿の右下に（時計の4時の位置）、刃を内側にし、フォークは背を下にして置きます（フランス式）。

※「イギリス式」は時計の6時の位置に置きます。

● ワイングラスの持ちかた

　ワインを注いでもらうときは、グラスを持ち上げないこと。注ぎ終えたら「あ
りがとうございます」とお礼をいい、軽く会釈をしましょう。

　持つ場所は、ステムといわれる脚の部分の中央よりやや下のあたりを、親指、
中指、ひとさし指の3本で持ち、薬指と小指は軽く添える程度にします。飲む
ときは、このまま持ち上げて口に運びます。

　ワインの入っているボディ部分を持つことは、間違いでは
ありませんが、手の温度でワインの温度が変化する可能性
があります。一般的に赤ワインは、ボディ部分を持ってもよ
しとされ、白ワインのときは持たないといわれています。

● スープスプーンの使いかた

　スープを食べるときのスプーンの動きは、「手前から奥にすくう」と「奥から
手前にすくう」のどちらでもOK。前者はイギリス式となり、後者はフランス式
となります。食べやすいほうを選びましょう。ただし、右から左、左から右へ
とスープをすくう動作は行わないようにしましょう。

　スープの量が少なくなってきたら、スープ皿の手前を浮かして、奥へと傾け
ます。お皿の奥にスープがたまるので、すくって食べます。手前に傾けるのは
NG。残ったスープをパンにつけて食べてもかまいません。このときはパンを
ひと口大にちぎり、手に持ってつけます。

● ナプキンの使いかた

　ナプキンをたたまずに、軽く丸めてテーブルの上に置くと、食事終了のサイ
ンです。ナプキンをきれいにたたまないことが、「おいしかった」「満足した」と
いったサインになります。食事中に理由があって中座する場合は、テーブルで
はなくイスの上にナプキンを置きます。ここでもたたまずに、軽く丸めます。

　ナプキンは入店直後の「とるタイミング」も重要です。一般的にはそのテーブ
ルの最上位の人がとったら、ほかの人もとっていいとされています。接待の場合、
取引先の役職が高い人が最上位です。着席から起立しての乾杯が予定されてい
るときは、乾杯するまではナプキンはとりません。食事中は二つに折り、折り目
側を手前にして、ひざの上に置きます。口をふくときは、左上の裏を使います。
二つ折りにするとき、上側を少しだけ短くしておくと、使いやすく便利です。

6-13　和食のマナー

はしや器の扱いかたを身につけましょう

　　和食の料亭も、接待などでよく使われます。人によっては「はしで食べられる分、洋食よりは楽」と思うかもしれません。しかし、和食の世界は奥が深いもの。ふだんの食事と同じ感覚で食べていたら、重大なマナー違反があってもおかしくありません。社会人として、和食の食べかたもしっかりとマスターし、自信を持って食事をしましょう。

● 和食を楽しむ6つのヒント

足もとをチェックする

靴を脱ぐ場合があるので、靴下やストッキングに穴があいていないか確認を。素足はNGです。

正座ができる服装で

女性はタイトスカートやミニスカートなど、ひざが見える装いは避けます。丈が長いと足をくずしても安心です。

敷居や畳の縁は踏まない

敷居はその家の骨格ともいうべき大切な場所です。畳の縁は、昔、家の家紋があしらわれたところから、大切にする場所になりました。これらを踏む行為は失礼にあたるので厳禁です。

アクセサリーは外す

長いネックレスや指輪、ブレスレットなどは器を傷つけてしまう可能性があるため、結婚指輪以外は外して食べます。

器は大切に扱う

和食の器は希少で価値の高いものを使っている場合があるため、傷つけないようにしましょう。

懐紙（かいし）とはしを美しく使う

料理をおさえたり、指やはしをふいたりするのに便利な懐紙は自分で用意します。

● 会席料理の一般　的な流れ

❶ 前菜（先付）
❷ 吸い物（椀物）
❸ 刺身（お造り・向付）
❹ 煮物（炊き合わせ）
❺ 焼き物

❻ 揚げ物
❼ 蒸し物
❽ 酢の物
❾ ご飯・汁物・香の物
❿ 果物（水菓子）

NG
・ふたを下向きにしない
　（糸底を下にする）
・魚は裏返さない

● はしのNGマナー

寄せばし
はしを使って器や茶碗を引き
寄せたり、動かしたりすること

立てばし
ご飯にはしを突き立てること

拾いばし
はしからはしへと渡すのは、火
葬場の遺骨を拾うときに行うた
め、食事中はNG

涙ばし
はしの先からぽたぽたと汁を
たらすこと

渡しばし
茶碗や器の上に、はしを渡し
ておくこと

刺しばし
はしに食べものを刺すこと

迷いばし
どの料理を食べようかと、は
しをうろうろ動かすこと

139

時候のあいさつ

社外文書を書くときなどに必要な時候のあいさつを知っておきましょう。

一月	新春の候 初春の候 寒梅の候 厳寒の候 厳冬の候	七月	盛夏の候 大暑の候 猛暑の候 梅雨明けの候 酷暑の候
二月	余寒の候 晩冬の候 立春の候 向春の候 紅梅の候	八月	残暑の候 晩夏の候 秋暑の候 立秋の候 暁夏の候
三月	早春の候 浅春の候 雪解けの候 春風の候 春分の候	九月	初秋の候 新秋の候 新涼の候 秋分の候 秋霜の候
四月	春暖の候 陽春の候 花冷えの候 桜花の候 春爛漫の候	十月	仲秋の候 紅葉の候 秋月の候 秋雨の候 錦秋の候
五月	新緑の候 若葉の候 薫風の候 緑風の候 藤花の候	十一月	晩秋の候 向寒の候 霜冷の候 立冬の候 小雪の候
六月	梅雨の候 初夏の候 麦秋の候 入梅の候 長雨の候	十二月	初冬の候 師走の候 寒冷の候 霜夜の候 新雪の候

第7章

大人のモノの言いかた

お礼を言うとき

仕事をしていくうえで大切なことは感謝を伝えることです。状況に合わせた
お礼の言葉を覚えましょう。

● 相手の協力に感謝するとき

ご尽力いただきまして、ありがとうございます

> **POINT** 「尽力」は文字通り、力を尽くすということです。力を貸してく
> れたことに深く感謝していることを伝えます。

> 言いかえ 「お力添えくださり、ありがとうございます」

● 相手の厚意に感謝するとき

ご配慮くださり、まことにありがとうございます

> **POINT** 相手に気遣いしてもらったり、こちらの事情をくんでいただい
> たりしたときには通常よりもしっかりとしたお礼を述べます

> 言いかえ 「お心配りをありがとうございます」

● 打ち合わせのお礼をする

お忙しいなか、貴重なお時間をちょうだいし、
ありがとうございます

> **POINT** こちらからアポイントをとった場合、本題を始める前に時間を
> つくってくれたことに感謝するのが礼儀です。

> 言いかえ 「お忙しいなか、時間をつくってくださり、ありがとうございます」

● 日ごろお世話になっている人にお礼をする

いつもお力を貸してくださり、感謝の念に堪えません

> **POINT** おさえきれないほどの感謝の気持ちを表す言葉です。おのずと
> 感謝の気持ちがあふれ出てくるのを表現しています。

> 言いかえ 「いつもお力添えをちょうだいし、心よりお礼申し上げます」

● 相手に深い感謝の気持ちを示したいとき

このたびのことはまことに恩にきます

> **POINT**　「ありがとうございました」よりも強い感謝の気持ちをあらわす
> ことができます。いろいろな場面で使えます。

> 言いかえ 「深く感謝申し上げます」

● 過去の厚意に感謝する

その節はひとかたならぬご厚意をたまわり、
ありがとうございました

> **POINT**　たとえ数年前のことであっても、お世話になった人には何度も
> 感謝を伝えます。目上の方には「たまわる」を使い、さらに丁寧
> さを。

> ⊗ⓃⒼ⊗ 「あのときはどうも」
> ※「どうも」は使わないようにしましょう。何に対するお礼なのかわかりませんね。

● 人にお願いをしたとき

○○さんにお願いしてよかったです

> **POINT**　「○○さん」にお願いしたことが正解だったということを伝えま
> す。名指しでお礼を言われると相手はうれしく感じます。

> ⊗ⓃⒼ⊗ 「思っていたよりいい出来ばえでしたね」
> ※嫌味を言われたと受けとられる可能性大です。

● 相手に品物をもらったとき

○○さまのお心遣い、まことにありがとうございます

> **POINT**　贈りものをもらったとき、気を遣ってもらったときには必ず感
> 謝の言葉を伝えます。

> ⊗ⓃⒼ⊗ 「こんなことまでしてもらって、すみません」
> ※「すみません」という言葉も使わないようにしましょう。「すみません」は、お礼の意
> 味もありますが、お詫びの意味にも使えます。なお「すいません」も言わない、書か
> ないように意識してください。

7-2 謝るとき

謝るときはスピードが肝心です。自分に非があるとわかったら、すぐに誠意をもってお詫びの言葉を伝えます。

● 深くていねいなお詫びをするとき

このたびはまことにご迷惑をおかけしました。
深く陳謝いたします。

> **POINT** 「陳謝」とは事情を述べて謝ること。「このたびの不祥事、深く陳謝いたします」などと使います。「深く」をつけることで、よりていねいなお詫びに。

> 言いかえ 「幾重にもお詫び申し上げます」

● ミスをくり返さないことを誓うとき

今後はこのような不手際がないよう、
厳重に注意をいたす所存でございます

> **POINT** 「気をつけます」などの表現より、今後二度とくり返さないという決意をあらわすことができます。

> 言いかえ 「肝に銘じます」

● 説明不足をお詫びするとき

私の言葉が足りず、申し訳ございませんでした

> **POINT** たとえ自分は「きちんと言ったのに」と思っていても、自分の説明不足だったとお詫びして相手に納得してもらうフレーズです。

> ⊗Ⓝ Ⓖ⊗ 「わかりませんでした?」「ちゃんと聞いてました?」

> ※相手が理解できていなかったり、わかっていなかったりすることを相手のせいにするような言いかたは大人の対応ではありません。

● 自分の力不足をお詫びしたいとき

私の不徳のいたすところです

> **POINT** 自分が引き起こした事故・失敗において謝罪する時の表現です。反省しているさまを伝えることができます。

> ⊗Ⓝ Ⓖ⊗ 「私の力不足でご迷惑をおかけして申し訳ありません」

144

同意・共感したとき

7-3

相手の要望や気持ちを受け入れる姿勢を、きちんとした言葉で応えましょう。

● 相手の意見に同意するとき

○○さまのおっしゃる通りです

POINT 相手の発言を真摯に受けとめ、敬意を払って意見に賛同している姿勢をあらわします。「ございます」と言うとより丁寧になります。

⊗Ⓝ◯Ⓖ⊗ 「そうですね！」「そうっすね！」「わかります！」

※敬意のないと思われる言葉は使わないようにします。

● 相手の意見を受け入れるとき

ご指摘、ごもっともでございます

POINT 「その通り」をていねいにした言いかたで、相手の意見をまず受け入れます。反論する場合でもこのフレーズを言ってから、自分の意見を。

⊗Ⓝ◯Ⓖ⊗ 「わかるけど……」「わかりますが……」

※納得していない受け入れは、不満が言葉にもあらわれるので気をつけましょう。

● 同意するとき

かしこまりました

POINT 社内の人にも社外の人にも、同意を示すときはへりくだった言いかたを。社内の人であれば「承知しました」でもOKです。

要注意 「了解！」「わかりました」

※間違いではありませんが、仕事中は使用しない方が無難です。

● 相手の事情に共感する

○○さまのお立場、お察しいたします

POINT 相手の置かれた状況を理解して、苦労や事情に配慮する言いかたです。交渉の場で条件が合わず断る場合に使うと角が立ちません。

言いかえ 「ご事情、重々承知いたしております」

伺い・質問したいとき

7 - 4

お客様や上司に何か尋ねるときは、低姿勢で丁寧な言葉を使いましょう。

● 上司や目上の人にものを教わるとき

ご意見をご教示いただけるとありがたいのですが

POINT 「教えてください」でも間違いではありませんが、目上の人を立てる言いかたで敬意をあらわします。

言いかえ┃「お教えいただけますと幸いです」

● あいまいな話の内容を確認するとき

ただ今のお話は○○という解釈でよろしいでしょうか？

POINT 話が理路整然とせず、わかりにくいときに使います。「こちらの理解不足で恐縮ですが」という言葉をつけ加えるとよりていねいに。

⊗Ⓝ⑥⊗ 「それって○○ということですね」
※敬意を感じられない言い方は避けます。

● 上司や目上の人に質問を投げかけるとき

少々、伺いたいことがあるのですが

POINT 「ちょっと」は「少々」に言いかえて、へりくだった表現に。「3分ほど」などと、所要時間を明確にするとさらに気が利いています。

⊗Ⓝ⑥⊗ 「ちょっと聞きますけど」
※稚拙な印象を与える言葉は使わないようにします。

● 相手が知っているかどうかを確認したいとき

A社の○○という商品をご存じでしょうか

POINT 相手を見下しているように聞こえる可能性があります。しっかり敬語表現を使って誤解を招かないようにします。

⊗Ⓝ⑥⊗ 「知ってました？」
※目上の人には敬意を表する言葉を使いましょう。

● 自分が送ったメールを見たかどうかを確認したいとき

お送りしたメール、ご覧いただけましたでしょうか？

> **POINT**　責めるような言いかたはせず、あくまで見たかどうかの確認を
> しましょう。「ご多用のところ恐縮ですが」などのクッション言
> 葉も必要です。

> 言いかえ 「送信しましたメールは届いておりますでしょうか」

● 相手が理解できているか確認したいとき

ただ今の説明で何かご不明点はございますでしょうか？

> **POINT**　相手の能力を問うような表現はせず、こちらの説明に不十分な
> 点がなかったかどうかを確認します。

> ⊗Ⓝ🄶⊗ 「おわかりになりました？」
> ※責任を相手に向けるような言いかたはしないように。

● 少し聞きづらいことを尋ねたいとき

差し支えなければ、ご年齢を伺ってもよろしいでしょうか？

> **POINT**　相手に対して、返答を断るという選択肢を与えることが重要で
> す。「差し支えなければ」「恐れ入りますが」などのクッション言
> 葉は必須です。

> ⊗Ⓝ🄶⊗ 「年齢はいくつですか？」
> ※唐突に自分の知りたいことだけを尋ねる言いかたはマナーなしと思われます。

● 相手のミスを指摘したいとき

私の勘違いなら申し訳ないのですが、こちらの数字、
ご確認いただけますか？

> **POINT**　たとえ相手が間違えていても、それを決めつけた言いかたは避
> けましょう。

> ⊗Ⓝ🄶⊗ 「この数字、間違ってない？」
> ※相手に恥をかかせるような言いかたは避けます。

ほめるとき

目上の人や上司をほめるときは、ほめかたにも気を配りましょう。言葉選び
を間違えると逆効果になる可能性があります。

● 上司や目上の人の腕前をほめたいとき

ゴルフの腕前もすばらしいですね

POINT 自分と比較したり、卑下したりするのは印象がよくありません。
「すばらしい」などのほめ言葉で率直に伝えましょう。

⊗Ⓝ🄶⊗ 「部長のゴルフの腕前はたいしたものですね」
※人によっては嫌味に感じる場合もあります。

● 趣味の話を聞いているときのあいづち

○○の世界って奥が深いんですね

POINT 自分が興味ない話でもしっかりと聞き、感想を伝えます。「奥深
い」は相手を不快にしない鉄板フレーズです。

⊗Ⓝ🄶⊗ 「へ～～、そうなんですか」
※心ここにあらずの、とりあえずのあいづちと思われます。

要注意・POINT 「それ、知ってます！」
よかれと思って共感したところ、饒舌に話をしている相手は話をもっていか
れたと思い不快に感じる人もいます。

● 相談にのってもらった案件がうまくいったとき

先日ご指導いただいた件、課長のおかげで無事終わりました

POINT 結果報告の際に「おかげさまでうまくいった」と強調し、心から
感謝を伝えます。結果がどうあれ、相談にのってもらったこと
に感謝を。

言いかえ 「おかげさまでこのような結果をあげることができました」

● 上司が出したアイデアをほめたいとき

さすが目のつけどころが違いますね！

POINT　すばらしい視点で仕事にとり組んでいることを伝えます。相手
の実力を敬う気持を表現しています。

(x)(N)(G)(x)　「へー、そういう考えもあるんですね」
※上から目線で、他人事のように聞こえて不快に思う人もいます。

● 相手の知識の深さをほめたいとき

たいへん勉強になります

POINT　知識の深さや経験の豊かさをほめられると、どんな人でもうれ
しいものです。「学ばせてもらっている」という姿勢で聞きましょ
う。「ありがとうございます」と感謝の言葉も忘れずに。

言いかえ　「経験の幅と深さが違いますね」

● 他人の協力をほめたいとき

○○さんのお力添えでA社への企画が通りました

POINT　「お力添えで」「おかげさまで」と感謝の気持ちを伝えます。部下
や同僚をほめるときも「おかげで」と、ひと言添えましょう。

(x)(N)(G)(x)　「できるもんですね」
※嫌味ととらえられる可能性があります。

● 部下や後輩に仕事をまかせたいとき

○○さんならこの仕事を安心してまかせられます

POINT　お願いするときにも、ほめることは重要です。「安心している」
と言われると、相手のモチベーションはぐんと上がります。

(x)(N)(G)(x)　「この仕事なら、できるよね」
※能力を低くみられ、試されているような印象を受けます。

依頼したいとき

相手への気遣いを忘れない言いかたをしましょう。

● 相手に企画書や資料を読んでもらいたいとき

企画書を作成いたしましたので、
ご一読いただけますと幸いです

POINT 「読んでください」などの言いかたは、一方的な押しつけがましい印象に感じる人も。「幸いです」と謙虚な言い方に。

言いかえ 「お目通しいただけましたら有り難く存じます」

● 相手にしてほしいことがあるとき

ご多用のところ恐縮ですが、〇〇していただけると助かります

POINT こちらからのお願いごとには、必ず「クッション言葉」をつけて謙虚に。強制する依頼になりません。

言いかえ 「よろしければ、〇〇していただければ幸いです」

● 一方的なお願いをしたいとき

こちらの都合でたいへん申し訳ないのですが、
明日14時までに返信をいただけますでしょうか

POINT いきなり自分の要望を伝えるのではなく、こちらの都合で申し訳ないという気持ちをじゅうぶんにあらわしましょう。

言いかえ 「まことに勝手なお願いで申し訳ありませんが……」

● 相手に依頼内容を検討してほしいとき

こちらの都合で恐縮でございますが、再度、
ご検討いただけますでしょうか

POINT 依頼するときやお願いするときの鉄板フレーズ。「恐れ入りますが」「よろしければ」などのクッション言葉は必須です。

⊗Ⓝ Ⓖ⊗ 「もう一度考えてください」

※こちらからのお願いごとに対して、相手の都合を考えていない一方的な命令口調と思われます。

● 忙しい人に確認をお願いしたいとき

たいへんお忙しいなか恐縮ですが、お手すきの際にご確認いただければ幸いです

> **POINT**　急ぎの案件ではなくても、頼みたいことがあるときに使います。
> 「忙しいなか、申し訳ない」という気持ちが伝えられます。

> ⓧⓃⓖⓧ　「ヒマなときに確認しておいてください」
> ※「ヒマなんてないよ！」と不快を与える可能性があります。

● 少し強く依頼したいことがあるとき

少々難しい案件があるのですが、ぜひお力添えをいただけますとありがたく存じます

> **POINT**　どうしても相手に依頼したいことがあるときは「ぜひ」などの強
> 調表現を使います。ただし威圧的にならないように気をつけま
> す。

> 言いかえ▶「ぜひ○○さんのお力を拝借できましたら幸いに存じます」

● してほしいことを遠回しに伝えたいとき

○○していただけるとありがたいのですが……

> **POINT**　言いづらいことや相手を急かす表現になってしまいそうなとき
> は、遠回しに要望を伝えて角が立たないようにします。

> 言いかえ▶「恐縮ですが、○○していただけると助かります」

● 初対面から次の機会につなげたいとき

以後お見知りおきいただけると幸いです

> **POINT**　この言葉を会話の最後に伝えると「この人は今後も連絡してくる
> のだな」と意識づけられます。

> ⓧⓃⓖⓧ　「よろしくどうぞ」
> ※軽い印象を受けます。敬意を表する言い方をしましょう。

7-7 断るとき

角が立たないように、クッション言葉などを使いながら、言いかたに気をつけます。

● 相手の要求を断るとき

こちらの内容では、契約の締結はいたしかねます

POINT ハッキリと「できない」と言うのではなく「～～することができない」という意味の「いたしかねる」でやんわりと断ります。

×NG× 「こんな内容じゃぁできませんよ！」

※感情をあらわにする言い方は大人の対応ではありません。

● 今後もよい関係を続けたいとき

たいへん魅力的ではありますが、今回は見送らせていただきます

POINT 「見送る」という言葉を使って、より遠回しに断っています。「今回は」とつけ加えることで、次回の可能性を期待させます。

言いかえ 「今回は遠慮させていただきます」

● 事情があって引き受けられないとき

まことに不本意ではございますが、お断りさせていただきます

POINT 「不本意」という言葉を使って「本当は引き受けたい」という残念な気持ちを伝えます。

言いかえ 「願ってもないお話ですが……」

● 相手の機嫌を損ねずに断りたいとき

せっかくのご提案にもかかわらず、お力になれず申し訳ありません

POINT 断る旨を伝えてから、せっかくの申し出を断ることを「力になれなかった」と表現してお詫びします。謙虚な姿勢が伝わります。

言いかえ 「お役に立てず、申し訳なく存じます」

豆知識 「申し訳ない」の敬語は「申し訳ないことでございます」が正式な言い方です。

● 予定の都合がつかないとき

あいにくその日は先約がございまして……

POINT　「あいにく」は都合が悪いことを言うときに使う言葉です。予定がうまっているときや、時間が取れないときに使いましょう。

Ⓧ Ⓝ Ⓖ Ⓧ　「その日は無理です」

※自分の言い分だけを伝える言い方は、相手の立場や気持ちに寄り添っていない配慮なしの言い方です。

● 相手が食い下がってきたとき

お気持ちは重々わかるのですが、ご了承いただければと存じます

POINT　断っても相手がなかなか納得してくれないときに使います。相手の気持ちや要望を理解している姿勢が伝わります。

言いかえ 「ご理解いただけますと幸いに存じます」

● 謙遜して断りたいとき

そのような大役は私にはもったいないお話でございます

POINT　「自分が引き受けると相手に迷惑がかかってしまう」と謙遜して断る言いかたです。自分には無理だと思うときに使います。

言いかえ 「私にはそのお役目は果たせそうになく、申し訳ございません」

● ありがた迷惑な話を受けたとき

お気持ちだけ、ありがたくちょうだいいたします

POINT　相手の心遣いに感謝し、やんわりと断るときに適しています。

Ⓧ Ⓝ Ⓖ Ⓧ　「いや、必要ないので……」「間に合っています」

※相手が傷つく可能性のある言いかたは避けましょう。

7-8 自分の意見・提案を伝えるとき

令和の時代は新人であってもきちんとした意見を求められますが、言いかたにはじゅうぶん気を配りましょう。

● 自分の意見を述べるとき

私見ではございますが、ひとつご提案してもよろしいでしょうか

POINT 「私見」は自分の意見をへりくだって述べるときに使います。「愚見」「私感」も同じ意味をもちます。

⊗Ⓝ Ⓖ⊗ 「ちょっといいですか」

※大人の言いかたを身につけましょう。

● 選択肢から自分の意見を選ぶとき

それでしたら、B案のほうがよろしいのではないでしょうか

POINT 「よいのでは」をていねいに「よろしいのでは」に言いかえます。自分の意見を言うときは「私見ですが……」と続けるとよいでしょう。

⊗Ⓝ Ⓖ⊗ 「だったら、B案のほうでいいんじゃないですか」

※投げやりな印象を受けます。

● 自分から説明するとき

その件につきましては、私からご説明いたします

POINT 前置きしてからくわしい説明を始めます。「皆さま」「あなたさま」に説明するので「ご」をつけてよりていねいな言いかたにします。

⊗Ⓝ Ⓖ⊗ 「それはですね～」

※いきなり自分の言いたいことを話し始めないように。前置きのひと言は相手の立場にたつ、マナーあるフレーズです。

● 代替案を提案するとき

こちらが難しいようであれば〇〇というのはいかがでしょうか

POINT　意見を反対されたときには代替案を出して相手の反応を伺います。受けるときは「それでしたらお引き受けいたします」と言います。

✕ⓃⒼ✕　「なら、〇〇はどうです？」
※なれなれしい印象となり、目上の方やお客様には使いません。

● 相手への反対意見を述べるとき

〇〇さんのおっしゃることはごもっともですが、××というのはいかがでしょうか

POINT　反対意見は、必ず相手の意見を肯定してから述べます。自分の意見も角が立たないような言いかたで述べます、

✕ⓃⒼ✕　「××のほうが絶対いいと思います」
※相手の意見を完全否定するような言い方はしないように。

● 相手に考え直してもらうことを提案するとき

〇〇をよりよくするには再考の余地があると考えております

POINT　ストレートに否定すると角が立つので「今の案件をよりよくするために」と前置きしてからやんわりと伝えます。

✕ⓃⒼ✕　「もう一度、考え直してください」
※強く命令されたと感じ、気持ちよく考え直す気になれない人もいます。

● プライドの高い上司に提案するとき

ご指示をあおげないでしょうか

POINT　「私は先方にこの案を提案しようと考えていますが、ご指示をあおげないでしょうか」と上司に判断をゆだねる形で質問します。

言いかえ　「勝手に進めて間違えたらいけませんので、ご指示をいただけましたらありがたく思います」

お願いしたいとき

相手への気遣いを忘れずに、物腰のやわらかな言いかたをします。

● 難しいことをお願いするとき

ご無理を承知でお願い申し上げます

POINT こちらも「無理なお願い」であることを認めたうえで、申し訳ない気持ちを精いっぱいあらわします。

言いかえ▶ 「たいへん忍びないのですが……」

● 強くお願いするとき

ご了承くださいますよう、切に願います

POINT 「切に願う」は心から願うという意味です。どうしてもお願いしたいときの、強い気持ちをあらわすときに使います。

言いかえ▶ 「伏してお願い申し上げます」

● こちらの都合をお願いするとき

まことに勝手なお願いで申し訳ないのですが……

POINT こちらの都合で相手に苦労をかけるときは、こちらに非があることを認め、お詫びしてていねいにお願いします。

言いかえ▶ 「こちらの都合でまことに恐縮でございますが……」

● 相手に事情を理解し要望を受け入れてもらいたいとき

何卒内情をお汲みとりいただきまして、ご検討くださいますよう、お願い申し上げます

POINT 難しいお願いをするときに「こちらも致し方ない事情でお願いしている」と相手に説明します。

⊗Ⓝ🄶⊗ 「そこをなんとか……」

※ビジネス用語を身につけましょう。友人に頼みこむのとビジネスは異なります。

● 軽いお願いをするとき

差し支えなければお願いいたします

POINT　「差し支えなければ」は相手にとって都合の悪いことでなければ
という意味です。クッション言葉として使うとやわらかい印象
になります。

言いかえ┃「よろしければお願いいたします」

● あらたまったお願いをするとき

折り入ってお願いがあるのですが……

POINT　「折り入って」とつけると、重要度の高いお願いであることが伝
わるので、相手も受け入れやすくなります。

言いかえ┃「あらためてお願いしたいことがございまして……」

● 対応をお願いするとき

善処いただきたくお願い申し上げます

POINT　「善処」は適切な対応をとることです。「ご対応を……」と頼むよ
りも、ていねいなお願いのしかたになります。

⊗Ⓝ⊙⊗　「なんとかしてください」

※つい、ふだん使っている言葉になりがちですが、社会人として大人の言いかたを身
につけて使いこなしましょう。

著者プロフィル

西出ひろ子 (にしで・ひろこ)

マナーコンサルタント、美道家。ヒロコマナーグループ代表。ウイズ株式
会社代表取締役会長。ＨＩＲＯＫＯ　ＲＯＳＥ株式会社代表取締役社長。
一般社団法人マナー＆プロトコル・日本伝統文化普及協会代表理事。大妻
女子大学卒業後、参議院議員などの秘書職を経て、マナー講師として独立。
１９９８年、英国オックスフォードに渡り、オックスフォード大学大学院
遺伝子学研究者（当時）と現地にて起業。帰国後は企業のコンサルティン
グをはじめ、テレビやＣＭ、雑誌、新聞など多方面でマナー界のカリスマ
として活躍中。著書・監修書は多数。近著に『ビジュアル版ビジネスの基
本とマナー』（Ｇａｋｋｅｎ）、『１０歳までに身につけたい　一生困らない
子どものマナー』（青春出版社）がある。

〈スタッフ〉
カバーデザイン：センドウダケイコ（tabby　design）
イラスト：関根庸子／きつ　まき

令和の新ビジネスマナー

発行日	2023年　3月15日　　　　　第1版第1刷
著　者	西出　ひろ子

発行者	斉藤　和邦
発行所	株式会社　秀和システム
	〒135-0016
	東京都江東区東陽2-4-2　新宮ビル2F
	Tel 03-6264-3105（販売）Fax 03-6264-3094
印刷所	三松堂印刷株式会社　　　　Printed in Japan

ISBN978-4-7980-6925-8 C0030